Schöningh
westermann

Standpunkte der **Ethik-** *brisant*

Materialien für den Unterricht

Religion im Widerstreit

Herausgegeben von
Hermann Nink

Erarbeitet von

Johannes Hilgart
Burkhard Hoffmann
Hermann Nink
Markus Reinbold

Standpunkte der Ethik – *brisant:* Zielsetzung und Konzeption

Die Heftreihe **„Standpunkte der Ethik – *brisant*"** dient der **aktuellen Ergänzung** ausgewählter Themen des Oberstufenbandes „Standpunkte der Ethik".

Die Hefte bestehen einerseits aus **schülerorientierten** und **als Kopiervorlage** gestalteten Primärtexten mit Aufgabenstellungen, andererseits aus **didaktischen und methodischen Hinweisen** zur Bearbeitung der Materialien, aus Zusatzinformationen zum Thema und aus **Lösungsvorschlägen** für die Aufgaben.

Die Themen sowie die Text- und Bildauswahl orientieren sich vornehmlich an deren **Relevanz für den Ethik-Unterricht**. Sie sind – dem Titel gemäß – weitgehend aktueller Natur, wobei jedoch großer Wert darauf gelegt ist, dass sie von ihrer Substanz und Aussagekraft her die bloße Tagesaktualität überdauern.

Obwohl Auswahl und Anordnung der Materialien auch als Vorschläge für eine Unterrichtssequenz gedacht sind, sind die Kopiervorlagen (und die Folien) je nach Wunsch **variabel und einzeln** einsetzbar.

Den Heften sind jeweils 2 Folien beigegeben.

Bildquellen

S. 5 r.: © Banning/laif; S. 5 l.: © imago/Müller-Stauffenberg; S. 11: aus: François, Etienne/Schulze, Hagen (Hg.): Deutsche Erinnerungsorte. München 2001, Bd. 2, S. 89/Altmärkisches Museum Stendal; S. 12 l., 40: picture-alliance/dpa; S. 12 r.: Bündnis Pro Ethik, Berlin; S. 18, 50, Folie 1 u.: Hermann Nink/Verlagsarchiv Schöningh; S. 22: Grundgesetz GG, 43. Auflage 2011, Beck-Texte im dtv; S. 24: Haitzinger/CCC, www.c5.net; S. 48: Kirchliche-Kunst.de; Folie 1 o.: © ddp images; Folie 2: SPIEGEL 52/2009, Seite 104; weitere: Verlagsarchiv Schöningh

Sollte trotz aller Bemühungen um korrekte Urheberangaben ein Irrtum unterlaufen sein, bitten wir darum, sich mit dem Verlag in Verbindung zu setzen, damit wir eventuell notwendige Korrekturen vornehmen können.

westermann GRUPPE

© 2011 Bildungshaus Schulbuchverlage
Westermann Schroedel Diesterweg Schöningh Winklers GmbH
Braunschweig, Paderborn

www.schoeningh-schulbuch.de
Schöningh Verlag, Jühenplatz 1–3, 33098 Paderborn

Druck A³ / Jahr 2017
Alle Drucke der Serie A sind im Unterricht parallel verwendbar.

Umschlaggestaltung: Franz-Josef Domke; Foto: © picture-alliance/dpa
Layoutkonzeption: Alexandra Brand
Druck und Bindung: westermann druck GmbH, Braunschweig

ISBN 978-3-14-**025321**-5

Inhalt

„Wie hast du's mit der Religion?" – ein Fragebogen

Fragebogen

Religiöses Wissen

1. Was versteht man unter **a)** aktiver und **b)** passiver Religionsfreiheit?
2. Was ist eine Offenbarungsreligion? Welche gibt es?
3. **a)** Welche Bedeutung hat Jerusalem für Juden, Christen und Muslime?
   b) Welche Gebäude in Jerusalem symbolisieren diese Bedeutung?
4. Worin besteht der Kern des Konflikts zwischen Juden und Muslimen bezüglich des Heiligen Landes?
5. **a)** Mit welchem Initiationsritus erfolgt die Aufnahme in die Religionsgemeinschaft im Judentum, im Christentum, im Islam?
   b) Worauf ist der jeweilige Initiationsritus zurückzuführen?
6. Welche der Zehn Gebote sind Ihnen bekannt?
7. Welche Bedeutung hat Jesus für das Christentum, welche für den Islam?
8. Aus welchem Grund wurde Jesus gekreuzigt?
9. Was bedeutet die Inschrift INRI über dem am Kreuz hängenden Jesus?
10. Aus welchem Grund sind **a)** Ostern und **b)** Pfingsten hohe Feiertage im Christentum?
11. Was bedeuten folgende Begriffe?
    a) Dekalog **b)** Trinität **c)** Exodus **d)** Messias **e)** Scharia **f)** Tora **g)** Dogma **h)** Hadith
    i) Evangelium **j)** Apostel **k)** Sure **l)** Orthodox **m)** Rabbi(ner) **n)** Konvertit
12. Für welche religionsgeschichtlich bedeutsamen Ereignisse stehen folgende Jahreszahlen?
    a) um 1200 v. Chr. **b)** 70 **c)** 622 **d)** 732 **e)** 1096 **f)** 1492 **g)** 1521 **h)** 1948/1967/1973
13. Welche großen Glaubensspaltungen bzw. Glaubensrichtungen gibt es
    a) im Christentum und
    b) im Islam?
14. Welche Bedeutung hat Buddha für den Buddhismus?
15. Welches Werk eines deutschen Dichters der Aufklärung hat das Verhältnis der Offenbarungsreligionen zueinander zum Thema?
16. Was versteht man unter „Säkularisierung"?
17. Erklären Sie die Symbole.

  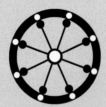  

---

1 *Beantworten Sie die Fragen (zunächst allein und ohne Hilfsmittel).*

2 *Recherchieren Sie ausführlich zu der Frage, die Sie am meisten interessiert. Stellen Sie das Ergebnis dem Kurs vor.*

Persönliche Einstellung

(Bewertung von + 3 bis – 3)

(Die Bewertung der Aussagen 1– 5 ist freiwillig.)

1. Ich glaube an einen personalen Gott.
2. Ich glaube zwar nicht an einen personalen Gott, aber an die Existenz eines höheren Wesens.
3. Ich glaube an ein Leben nach dem Tod.
4. Ich glaube an Lohn oder Strafe im Jenseits.
5. Ich lebe in Überstimmung mit den Geboten meiner Religion.
6. Ich bin der Meinung, dass Religionen zur Befriedung der Menschheit beitragen.
7. Ich bin der Meinung, dass Staat und Religion klar voneinander zu trennen sind.
8. Ich bin der Meinung, dass es einen für alle verpflichtenden Ethik- oder Philosophieunterricht geben sollte.
   Religionsunterricht sollte auf freiwilliger Basis zusätzlich angeboten werden.
9. Ich bin der Auffassung, dass eine religiöse Überzeugung bzw. der Nicht-Glaube eine Privatsache ist, über die man nicht spricht und die niemanden etwas angeht.

■ *Wie bewerten Sie die auf den Fotos zu sehenden Aktionen?*

Zu diesem Heft

„Wie hast du's mit der Religion?" Die berühmte „Gretchenfrage" aus Goethes „Faust" hat offenbar wieder an Aktualität und Brisanz gewonnen.

Wie kaum in einem anderen Jahr zuvor sah man sich im Jahr 2010 und auch Anfang des Jahres 2011 mit Vorgängen und Problemen konfrontiert, bei denen die Religion eine maßgebliche, wenn nicht sogar ursächliche Rolle spielt(e): Missbrauchsskandale in der (katholischen) Kirche und deren (jahrelanges) Verschweigen und Vertuschen (auch vor staatlichen Strafverfolgungsbehörden); die Serie von islamistischen Attentaten, z. B. im Irak, in Afrika oder in Ägypten gegen Christen, aber auch gegen Angehörige der eigenen Religion wie z. B. im Irak und in Pakistan; religiös motivierte Anschläge auf einen dänischen Zeitungsverlag und dessen Journalisten wegen missliebiger Islam- bzw. Mohammed-Karikaturen; der Streit über die Rede von Bundespräsident Wulff bezüglich der Rolle und der Bedeutung der Religionen in Deutschland; die Ergebnisse einer Forschungsarbeit des Bundesinnenministeriums über den Zusammenhang zwischen Gewaltbereitschaft und Religiosität; der Streit um die Einführung des Religionsunterrichts im Land Berlin (Volksentscheid 2009); Diskussionen und Probleme um den von Kultusministerien anvisierten bzw. teilweise bereits eingeführten islamischen Religionsunterricht; der Schweizer Volksentscheid gegen den Neubau von Minaretten (2009); Beschneidungsdebatte (2012) u. a.

Bereits im Jahr 1991 sah der französische Soziologe Gilles Kepel in seinem Buch „Die Rache Gottes" radikale Moslems, Christen und Juden „auf dem Vormarsch", was z. B. vom Terroranschlag 2001 in New York und dem vom US-Präsidenten Bush initiierten „Kreuzzug" gegen die „Achse des Bösen" in schrecklicher Weise bestätigt wurde, aber auch vom nicht enden wollenden Konflikt um das „Heilige Land", der auf beiden Seiten zunehmend religiös motiviert ist.

Gegen die „Rückkehr des Religiösen" verwahren sich jedoch in der Folge zahlreiche Stimmen, die demgegenüber die Errungenschaften des Humanismus und der Aufklärung betonen, die Verfassung des säkularen oder laizistischen Staates verteidigen oder gar von der Notwendigkeit eines „neuen Atheismus" sprechen.

Indes scheint das Bedürfnis nach Religiös-Spirituellem zugenommen zu haben. Davon zeugen z. B. die Vielzahl neuerer Buch- und Zeitschriftenpublikationen; die Neuentdeckung von „Pilgerreisen"; der Verkaufserfolg von geistlicher Musik; der Zulauf zu Kirchentagen und zum Weltjugendtag; das Interesse und die Aufmerksamkeit, die Auftritten des Papstes oder des Dalai Lama entgegengebracht werden; die zunehmende Rede von dem den Gesellschaften zugrunde liegenden „religiösen Erbe".

Diese vielfach umstrittenen und kontrovers diskutierten Aspekte möchte das vorliegende Heft unter dem besonderen Blickwinkel des Faches Ethik beleuchten.

Zu den Folien

Folie 1:

Die Fotos zeigen Formen von Religiosität im öffentlichen Raum, die aufgrund ihrer Außergewöhnlichkeit Anlass zur Diskussion sein können.

Autobahnschild in Richtung Mekka/Saudi-Arabien. Die im arabischen Raum seltene (englische) Übersetzung macht auch für Nicht-Araber unmissverständlich deutlich, dass Nicht-Muslimen das Betreten der Stadt Mekka verboten ist. Der Sinn bzw. die Angemessenheit eines solchen Verbots könnte Gegenstand der Erörterung sein.

Szene an einem Karfreitag an einem Strand der spanischen Insel Lanzarote (Aufnahme von der Strandpromenade aus). Die Fragen dazu könnten lauten, wer wohl aus welchen Motiven (z. B. Erinnerung/Mahnung oder Gag/Spielerei) die Kruzifix-Skulptur geschaffen hat, wie dies auf Touristen und Einheimische wirkt und wie angemessen das Ganze ist.

Folie 2:

Weltweiter Überblick über die Verteilung und die Mitgliederzahl der verschiedenen Religionen. Bemerkenswert ist die steigende Anzahl der Muslime an der Weltbevölkerung: Betrug sie um 1900 etwa 12 Prozent, so lag sie im Jahr 2007 bei etwa 21 Prozent. (Christen: 33,3 Prozent)

Einstiegsmöglichkeit

Alternativen zur unmittelbaren Austeilung und Bearbeitung des Fragebogens: 1. Die Mitglieder der Lerngruppe stellen dem Kurs selbst eine Frage zum religiösen Wissen. Die Bearbeitung des Fragebogens könnte dann als Hausaufgabe gestellt werden. 2. Präsentation einer der beiden Folien mit entsprechender Fragestellung.

Zu den Aufgaben

1 1. Aktive Religionsfreiheit: das Recht, seine religiöse Überzeugung zu äußern, zu befolgen und auszuüben; passive Religionsfreiheit: das Recht, ohne religiöses Bekenntnis zu leben (s. Kurzlexikon, S. 9)

2. Eine Religion, in der sich Gott durch sein Wort mitgeteilt („geoffenbart") hat und das z. B. durch Moses oder Muhammad aufgeschrieben wurde und als „Heiliges Buch" vorliegt. Offenbarungsreligionen: Judentum (u. a. Tora), Christentum (Bibel: AT, NT), Islam (Koran).

3. Für alle: eine „heilige Stadt", in der bedeutende religiöse Persönlichkeiten wirkten. Judentum: Klagemauer (Westmauer des ehem. Tempels), Christentum: Grabeskirche (Grab Christi), Islam: Felsendom (Ort der Himmelfahrt Muhammads)

4. Beide Religionen beanspruchen das Land und vor allem Jerusalem für sich. Judentum: weil es Gott selbst versprochen und gegeben hat, Jerusalem als Zentrum des Glaubens; Islam: Eroberung Mitte des 7. Jh., Ort der Himmelfahrt Muhammads. Extreme Positionen: von jüdischer Seite: Beanspruchung des ganzen Heiligen Landes; von muslimischer Seite: Verneinung des Existenzrechtes Israels

5. **a.** Judentum und Islam: Beschneidung der Jungen; Christentum: Taufe (ergänzt durch Kommunion und Firmung bzw. Konfirmation) **b.** Judentum: auf Abraham (AT: Genesis 17); Islam: auf das Vorbild Muhammads; Christentum: auf Taufe Jesu (NT: Matthäus 3), Ablehnung der Beschneidung (NT: Apostelgeschichte 15)

6. Habe keine anderen Götter neben mir; Heilige meinen Namen/Mache dir kein Bild von mir; Halte den Sabbat; Ehre Vater und Mutter; Töte nicht; Brich nicht die Ehe; Stehle nicht; Lüge nicht; Begehre nicht des andern Frau/Begehre nicht fremdes Besitztum. (Unterschiedliche Zählung aufgrund von Zusammenfassung bzw. Trennung von Geboten)

7. Christentum: Sohn Gottes (Bestandteil der Dreifaltigkeit Gottes), Messias und Erlöser; Islam: Prophet (neben Abraham, Moses, David, Salomon)

8. Der römische Statthalter Pilatus leitete (widerwillig) aus Jesu Bekenntnis, er sei ein König („Mein Reich ist aber nicht von dieser Welt") den Tatbestand des Hochverrats (gegenüber dem Kaiser in Rom) ab, worauf die Todesstrafe stand.

9. Die Anfangsbuchstaben von Jesus Nazareth Rex Judorum. Die Bezeichnung „König der Juden" diente Pilatus als Rechtfertigungsgrund für die von ihm veranlasste Hinrichtung.

10. Ostern: Auferstehung Christi; Pfingsten: Fest des „Heiligen Geistes" (Teil der Dreifaltigkeit Gottes)

11. **a.** Zehn Worte/Gebote **b.** Dreifaltigkeit (Gottes) **c.** Auszug (des jüdischen Volkes aus ägyptischer Sklaverei, zweites der 5 Bücher Mose) **d.** Heilsbringer, Erlöser **e.** religiöse Vorschriften und Gesetze im Islam **f.** Die 5 Bücher Moses (mosaisches Gesetz) **g.** unumstößlicher Lehrsatz (z. B. die Auferstehung Christi) **h.** Worte Muhammads (neben Koran und Sunna Erkenntnisquelle) **i.** „Gute Nachricht": die 4 ersten Bücher des Neuen Testamentes (Markus, Matthäus, Lukas, Johannes) **j.** „Sendbote", Jünger (Jesus scharte 12 Apostel um sich) **k.** Abschnitt im Koran (114 Suren) **l.** „rechtgläubig" **m.** geistlicher Lehrer im Judentum **n.** jemand, der zu einem anderen Glauben übergetreten ist

12. **a.** Moses (Auszug aus Ägypten, Dekalog am Sinai) **b.** Zerstörung des jüdischen Tempels in Jerusalem durch Rom **c.** Flucht Muhammads aus Mekka nach Medina, Beginn islamischer Zeitrechnung **d.** Schlacht bei Tours/Frankreich: Beginn der Zurückdrängung des Islam aus Europa **e.** Erster Kreuzzug **f.** Ende der muslimischen Herrschaft in Spanien (Fall Granadas) **g.** Martin Luther auf dem Reichstag in Worms: Beginn der Reformation **h.** nach der Gründung des Staates Israel (1948) Kriege zwischen Israel und seinen arabischen Nachbarländern

13. **a.** Christentum: Katholiken, Protestanten (Evangelische), Orthodoxe (griech-orth., russ.-orth.) **b.** Islam: Sunniten, Schiiten

14. Buddha ist kein Gott (im jüd.-christl.-islam. Verständnis). Siddharta Gautama erhielt den Ehrentitel Buddha (der „Erleuchtete"), weil er den Kreislauf der Wiedergeburten durchbrach und ins Nirvana einging.

15. Gotthold Ephraim Lessing: „Nathan der Weise" (1779), vor allem die darin enthaltene Ringparabel mit ihrem Appell an die Toleranz

16. Säkular: weltlich; Vorgang der Begrenzung oder Beseitigung des Einflusses der Religion auf den Staat (s. Kurzlexikon, S. 9)

17. (von links nach rechts:)
    Dreizack: Attribut von Meeresgottheiten (z. B. Poseidon/Neptun); im Hinduismus: Attribut des Gottes Schiva, das Vergangenheit, Gegenwart, Zukunft symbolisiert
    Christusmonogramm: griech. Anfangsbuchstaben (P und X) des Namens für Jesus Christus
    Rad: symbolisiert im Buddhismus die verschiedenen Daseinsformen sowie die Lehre des Buddha
    Davidstern: Symbol für die Vereinigung der Reiche Juda und Israel durch David (um 1000 v. Chr.), nationales Emblem des Staates Israel
    Halbmond: urspr.: Attribut weiblicher (jungfräulicher) Gottheiten (z. B. Artemis); seit dem 13. Jh. allgemeines Emblem der islamischen Welt, das zugleich Öffnung und Konzentration symbolisiert

Zur Bewertung der Aussagen zur persönlichen Einstellung

Da es hierbei um eine persönliche Selbstvergewisserung geht, sollte man nicht darauf bestehen, die Aussagen im Kurs zu bewerten. Im Kurs bewertet werden könnten jedoch die Aussagen 6 bis 9 sowie die Frage zu den Fotos.

Zu den Fotos

Foto 1: Das Foto entstand während einer Demonstration in Berlin im Jahr 2004.
Foto 2: Die Werbetafel für die „Winfield Church of God" steht in den USA und ist Teil von zahllosen (und mitunter recht drastischen) Publicity-Maßnahmen, mit der evangelikale Christen in den USA, in der es eine strikte Trennung von Staat und Kirche gibt, auf sich aufmerksam machen.

Agnostizismus (gr.: unerkennbar): Auffassung, nach der eine rationale Erkenntnis des Göttlichen, des Übersinnlichen oder des Seinsgrundes unmöglich ist

Atheismus (gr.: ohne Gott): Weltanschauung, die die Existenz eines Gottes verneint bzw. leugnet

Deismus: Gottesauffassung, nach der Gott die Welt zwar erschaffen hat, sich aber von ihr zurückzog und keinen Einfluss ausübt bzw. sich selbst überlassen hat

Dogma (gr.): feststehender, unumstößlicher Lehrsatz; Aussage, die den Anspruch absoluter Gültigkeit und Wahrheit beinhaltet. Beispiel: der Glaube, dass die Heiligen Schriften (Tora, Bibel, Koran) göttlichen Ursprungs sind

Erlösung: Viele Religionen nehmen an, dass der Mensch aufgrund seiner Endlichkeit und seiner Fehler- bzw. Sündhaftigkeit erlösungsbedürftig ist. In den monotheistischen Religionen kann die Erlösung letztlich nur von Gott selbst bewirkt werden, während im Buddhismus z. B. der Mensch die Erlösung durch einen bestimmten Lebenswandel selbst herbeiführen kann.

Fundamentalismus (lat.): unbeirrtes und kompromissloses Festhalten an religiösen (oder auch an politischen, ideologischen u. a.) Grundsätzen. Fundamentalistische Gruppierungen und Strömungen gibt es in allen Religionen. So hält z. B. der **Kreationismus** (lat.: creatio = Schöpfung) an der wörtlichen Auslegung des biblischen Schöpfungsberichts fest und lehnt wissenschaftliche Entstehungs- und Entwicklungstheorien im Sinne der darwinistischen Evolutionslehre als unbewiesen bzw. unbeweisbar ab.

Glaubensspaltung: verschiedene Glaubensrichtungen bzw. Konfessionen *innerhalb* einer Religion; im Christentum z. B. Katholiken, Protestanten (Evangelische), Orthodoxe; im Islam z. B. Sunniten, Schiiten, Charidschiiten. Neben friedlichen Bestrebungen nach Überwindung der Gegensätze zeugt die Geschichte auch von gewalttätigen Auseinandersetzungen (im Christentum z. B. die Religionskriege im 16./17. Jh. oder der Nordirland-Konflikt; im Islam z. B. der Streit um die Nachfolge Muhammads im 7. Jh. oder die Konflikte im Irak und in Pakistan).

Monotheismus (lat.): Eingottglaube; Gegensatz: Polytheismus): Monotheistische Religionen sind Judentum, Christentum, Islam. Der Gottesbegriff im Christentum konkretisiert sich in der Lehre von der Trinität (Dreifaltigkeit), nach der Gott in drei Personen (Gott Vater, Gott Sohn, Gott Heiliger Geist) existiert.

Offenbarungsreligion: eine Religion, die sich auf die Mitteilung („Offenbarung") eines Gottes durch Wort bzw. Schrift stützt (Religionen der Schrift/des Buches). Offenbarungsreligionen sind Judentum, Christentum und Islam. Sie beinhalten feste, unumstößliche Lehrsätze (**Dogmen**) und verfügen über eigene **Rechts- und Moralsysteme** (z. B. Kirchenrecht, Scharia).

Pantheismus (gr.): Auffassung, nach der das Göttliche sich nicht als personale Größe darstellt, sondern die gesamte Natur durchwirkt und in ihr und somit auch im Menschen selbst erfahren werden kann

Religionsfreiheit/Glaubensfreiheit: Freiheit und Recht des Einzelnen, religiöse Überzeugungen zu äußern, zu befolgen und auszuüben (*aktive* Religionsfreiheit), sowie Freiheit und Recht, ohne religiöses Bekenntnis zu leben (*passive* bzw. *negative* Religionsfreiheit). Die Religionsfreiheit ist Bestandteil der UN-Menschenrechtsdeklaration (Art. 18) wie auch des Grundgesetzes Deutschlands (Art. 4). Die **Religionsmündigkeit**, d. h. die Freiheit, über seine Religionszugehörigkeit bzw. seine Religionslosigkeit selbst zu bestimmen, beginnt in Deutschland juristisch mit dem 14. Lebensjahr.

Religionsphilosophie/Religionskritik: philosophische und wissenschaftliche Auseinandersetzung mit Wesen und Funktion von Religion und mit dem Verhältnis von Vernunft und Glaube. Im Unterschied zu den Hauptvertretern der Religionskritik (Sophisten, Feuerbach, Marx, Nietzsche, Freud) bezieht sich heutige Religionskritik u. a. auch auf evolutionsbiologische und neurowissenschaftliche Erkenntnisse.

Säkularisierung/säkular (lat.: weltlich): Prozess der Begrenzung oder Abschaffung des Einflusses bzw. der Verfügungsgewalt der Religion und ihrer Institutionen auf Staat (Trennung von Kirche und Staat), Gesellschaft und private Lebensführung. In Europa eng mit der Epoche der Aufklärung und der Französischen Revolution verbunden. **Kennzeichen eines säkularen, liberalen Staates**: religiöse Neutralität, ohne religionsfeindlich zu sein; Anerkennung der Ansprüche der Religionsgemeinschaften (z. B. auf „ungestörte Religionsausübung") mit gleichzeitiger Verpflichtung auf das säkulare Recht (z. B. Verbot religiös motivierter Zwangsehen, Anerkennung der Glaubens- und Religionsfreiheit). Ein Staat, dessen Verfassung die strikte Trennung von Kirche und Staat vorsieht, bezeichnet man als **laizistisch** (z. B. Frankreich, Türkei, USA). In Deutschland ist das Verhältnis von Staat und Religion grundsätzlich durch die Grundgesetzartikel 4, 7 und 140 bestimmt.

Der „Kulturkampf" – Bismarcks Konflikt mit der katholischen Kirche

Wilhelm Emmanuel Freiherr von Ketteler (1811–1877), Bischof von Mainz (ab 1850), 1848/49 Mitglied der Nationalversammlung in der Paulskirche, 1871/72 Mitglied des Reichstags für das Zentrum, dessen Mitbegründer er war.

Mit dem **Syllabus Errorum**, einer Auflistung von 80 „Irrtümern", verwarf Papst Pius IX. im Jahr 1864 zahlreiche moderne Anschauungen in Wissenschaft, Kultur und Politik wie z. B. den Liberalismus sowie die Forderungen nach Pressefreiheit und nach Trennung von Kirche und Staat. Dies und die Ablehnung einer historisch-kritischen Bibelwissenschaft mündete 1910 in den **Antimodernisteneid**, den alle kirchlichen Amtsträger und Theologen bis 1967 ablegen mussten.

Auf dem Vatikanischen Konzil im Jahr 1870 verkündete Papst Pius IX. das Dogma von der Unfehlbarkeit des Papstes und verschärfte damit den Konflikt mit dem Deutschen Reich, der seit 1864 schwelte. Zugleich erhob die deutsche Zentrumspartei, die sich als politisches Sammelbecken des Katholizismus verstand, die Forderung nach dem „Recht der Religionsgemeinschaften gegen Eingriffe des Staates". Das Zentrum, das über alle sozialen Grenzen hinweg auf Resonanz stieß, befürwortete außerdem ein festes Bündnis mit dem katholischen Österreich. Programmatisch waren die Positionen vom Mainzer Bischof Ketteler fixiert worden, der sich für die Autonomie der Kirche im Deutschen Reich einsetzte.

All diese Entwicklungen verhießen in den Augen Bismarcks eine „Priesterherrschaft", die Macht der nationalen Regierung und der Monarchie sah er attackiert. Er verstand das Zentrum als eine Vereinigung von „Reichsfeinden", die zurückgedrängt werden mussten. Entsprechende Maßnahmen ließen nicht lange auf sich warten: 1871 wurde im „Kanzelparagraf" die Einmischung Geistlicher in politische Fragen untersagt; 1872 erfolgte die Einführung der ausschließlich staatlichen Schulaufsicht und das Verbot des Jesuitenordens; mit den Maigesetzen des Jahres 1873 wurde zudem die Ausbildung und Einstellung der Geistlichen staatlich kontrolliert, gewählten Gemeindevertretungen oblag fortan die Verwaltung kirchlicher Vermögen; 1875 schließlich bildeten das Sperrgesetz zur Einstellung jeglicher staatlicher Leistungen an die katholische Kirche und die Einführung der Zivilehe die letzte Etappe Bismarcks auf dem Weg zur Ausschaltung des politischen Katholizismus im Deutschen Reich. Der sogenannte „Ultramontanismus", d. h. der Einfluss der römischen Kirche von jenseits der Alpen auf die deutsche Politik, sollte so gestoppt werden:

Es handelt sich nicht um den Kampf, wie unseren katholischen Mitbürgern eingeredet wird, einer evangelischen Dynastie gegen die katholische Kirche [...], es handelt sich um den uralten Machtstreit zwischen Königtum und Priestertum [...]. Dieser Machtstreit unterliegt denselben Bedingungen wie jeder andere politische Kampf und es ist eine Verschiebung der Frage, die auf den Eindruck auf urteilslose Leute berechnet ist, wenn man sie darstellt, als ob es sich um Bedrückung der Kirche handelte. Es handelt sich um Verteidigung des Staates, es handelt sich um die Abgrenzung, wie weit die Priesterherrschaft und wie weit die Königsherrschaft gehen soll, und diese Abgrenzung muss so gefunden werden, dass der Staat seinerseits dabei bestehen kann.

(Rede Bismarcks vor dem preußischen Herrenhaus am 10. März 1873)

Doch die Rechnung des Reichskanzlers ging nicht auf: Das Zentrum erstarkte, was die Wahlergebnisse zeigten. Nach dem Tod Pius IX. 1878 war Bismarck gezwungen, auf Versöhnungskurs zu dessen Nachfolger Leo XIII. zu gehen und die politische Rolle des Zentrums als Sachwalter eines beträchtlichen Teils der deutschen Katholiken zu akzeptieren.

Markus Reinbold (Originalbeitrag)

1 *Nennen Sie die wesentlichen Ursachen, die zum Konflikt zwischen Staat und Kirche im Kaiserreich führten.*

2 *Erläutern Sie die Argumentation Bismarcks und bewerten Sie sein Vorgehen.*

3 *Überprüfen Sie anhand des Grundgesetzes und Ihnen bekannter Sachverhalte, inwieweit man heute von einer Trennung von Kirche und Staat in Deutschland sprechen kann.*

Einstiegsmöglichkeit

Der Einstieg kann über die Abbildung der nebenstehenden Feldpostkarte (etwa auf Folie) erfolgen. Dabei ist die Abbildung zu beschreiben, ihre Aussage zu ergründen und zu bewerten.

Unter einer deutschen Eiche stehen Luther mit der Bibel und Bismarck mit einem Schwert und Pickelhaube. Beider Wappen sind um den Baumstamm herum verknüpft. Zu Füßen der Personen steht „Ein feste Burg ist unser Gott" sowie „Wir Deutschen fürchten Gott, sonst nichts auf der Welt". Die Aussage ist unmissverständlich: Der Nationalstolz der Deutschen wird beschworen, die selbstbewusst und im Vertrauen auf Gott in den Krieg ziehen sollen. Denn es handelt sich um eine Feldpostkarte, die von staatlicher Seite bewusst als Propagandamittel eingesetzt wird. Bemerkenswert ist, dass die Kirche hier ausschließlich durch Luther – einen Deutschen – verkörpert wird, die katholische Kirche – die von Rom aus gelenkt wird – spielt keine Rolle.

Bei der Analyse der Abbildung wird also bereits deutlich, dass das Kaiserreich auf dem preußischen Protestantismus fußte. Zum Thema des Arbeitsblattes überleiten könnte die Frage, warum es aus der Sicht des Staates problematisch wäre, gleichermaßen die katholische Kirche zum Fundament des deutschen Selbstverständnisses zu erklären. Hier sollten die Schülerinnen und Schüler erkennen, dass die universale Ausrichtung des römischen Katholizismus dem Nationalismus des Kaiserreichs entgegensteht. Konfliktpotenzial ist in dieser Konstellation angelegt.

Methodische Varianten

Der Einstieg könnte auch durch die Aktivierung des Schülerwissens über Kontroversen zwischen Kirche und Staat erfolgen (Kruzifixurteil, Homo-Ehe, Abtreibungsregelung, Präimplantationsdiagnostik). Von dieser Problemlage ausgehend, könnte man sodann eine Brücke schlagen in die Zeit des Kaiserreichs, die den Schülern durch den Geschichtsunterricht zumindest in groben Zügen vertraut sein dürfte.

Zu den Aufgaben

1 Der Katholizismus beanspruchte durch die Zentrumspartei politische Mitsprache. Da das Oberhaupt der Katholiken, der Papst, durch die protestantische preußische Herrscherdynastie der Hohenzollern nicht zu beeinflussen war wie etwa protestantische Würdenträger, da die Katholiken nicht national, sondern aus Rom (= ultramontan) gelenkt wurden, ergab sich für die Führung des Kaiserreichs ein Autoritätsproblem. Dieses wurde durch Forderungen des Zentrums nach Wahrung der Stellung der Kirche im Staat und Zurückweisung moderner industrieller Entwicklungen verstärkt.

2 Bismarck versucht, den Konflikt zwischen Staat und katholischer Kirche als einen „politischen Kampf" um den Primat in staatlichen Machtfragen darzustellen. Es gehe nicht um einen Kampf gegen die Kirche als solche. Dabei unterschätzt er freilich die gesellschaftspolitische Macht des Katholizismus. Geschickt nahm sich die katholische Kirche in Deutschland der von der Industrialisierung Benachteiligten in Form einer ausgeprägten Sozialbewegung an (Sozialethik gemäß der Enzyklika „Rerum Novarum" von 1891, in Deutschland wesentlich durch Ketteler und Kolping geprägt).

3 Grundlagen sind: Art. 4 GG (individuelle und kollektive Religionsfreiheit), Art. 7 GG (Religionsunterricht), Art. 140 GG (Übernahme der Weimarer Kirchenartikel).
Religionsfreiheit, Trennung von Staat und Kirche sowie kirchliches Selbstbestimmungsrecht sind in Deutschland garantiert. Allerdings gibt es nicht zuletzt wegen des Gottesbezugs in der Präambel des GG – anders als in einem laizistischen Staat wie etwa Frankreich – Bezugspunkte zwischen Staat und Kirche (z. B. Kirchensteuer, Religionsunterricht und Militärseelsorge).

Ethikunterricht und/oder Religionsunterricht? –
Der Berliner Volksentscheid 2009

1. Nur beim Wahlpflichtbereich Ethik/Religion hat jeder Schüler und jede Schülerin eine wirkliche Wahlfreiheit. [...]
2. Berlin lebt von seiner kulturellen Vielfalt. Diese gilt es zu respektieren. Daher soll jeder in seiner religiösen und kul-
5 turellen Identität ernst genommen werden. [...]
3. Die Fächer Ethik bzw. Religion sind authentisch und fordern die Toleranz gegenüber Andersdenkenden. Hier lernen die Schülerinnen und Schüler nicht nur, den Wert ihrer eigenen Grundüberzeugung zu schätzen. Hier lernen sie
10 auch etwas über den Wert von Grundüberzeugungen an sich. [...]
4. Beim Wahlpflichtbereich Ethik/Religion sind die Lehrerinnen und Lehrer nicht auf die theoretische Wertevermittlung beschränkt. Als Vertreter der jeweiligen Grundüber-
15 zeugungen können sie die Werte aus Überzeugung selbst vorleben.
5. Ethik als alleiniges Pflichtfach steht in einem Dilemma. Es soll Werte vermitteln, muss aber als alleiniges, nicht abwählbares Fach weltanschaulich neutral sein. Es gibt aber
20 keine echte Wertevermittlung ohne ein Bezugssystem. [...]
6. Wertevermittlung im Fach Ethik ist weltanschaulich nie neutral. Wird Ethik – wie in Berlin – zum alleinigen Pflichtfach, mischt sich der Staat unnötig in Weltanschauungsfragen ein. Das widerspricht der staatlichen Neutralitätspflicht.
25 [...]
7. Wahlpflichtbereich Ethik/Religion vermindert die Gefahr von Fundamentalismus. Als ordentliches Lehrfach kann der Religionsunterricht an den Schulen ein wichtiger Gegenpol sein. [...]

Pro Reli e. V. Berlin 2009

1. Angesichts der kulturellen Vielfalt in Berlin sollen alle Schüler im Ethikunterricht Dialogfähigkeit entwickeln, Gemeinsamkeit erfahren sowie gegenseitige Toleranz und Respekt einüben!
5 2. Gemeinsamer Ethikunterricht fördert eine ethische Grundbildung und die Wertorientierung an Grundgesetz und Menschenrechten.
3. Religionskundliche Allgemeinbildung fördert gegenseitiges Verstehen von Kulturen.
10 4. Religiös-weltanschauliche Neutralität im Ethikunterricht fördert Respekt vor fremden Auffassungen.
5. Gemeinsamer Ethikunterricht fördert die Freiheit individueller Orientierung.
6. Religions- und Weltanschauungsunterricht soll in Berlin
15 weiterhin frei wählbar bleiben.

Bündnis Pro Ethik, Berlin 2009

1 *Welches Plakat ist angemessen? Was verraten die Plakate über die jeweiligen Initiativen?*

2 *Sehen Sie in der Verfassung Ihres Bundeslandes nach, wie dort das Verhältnis zwischen Religions- und Ethik-Unterricht geregelt ist.*

3 *Gestalten Sie die aufgeführten Argumente mit Erläuterungen und Beispielen aus.*

4 *Führen Sie über die Frage „Soll es einen verpflichtenden überkonfessionellen Ethik-Unterricht für alle Schüler geben?" eine Debatte nach dem Format von „Jugend debattiert".*

Erläuterungen zum Text

Im April 2009 fand nach monatelangem Meinungskampf in Berlin ein Volksentscheid über die Einführung eines Wahlpflichtfachs Religion an staatlichen Schulen statt. Die bisherige Regelung sah einen solchen nicht vor, an staatlichen Berliner Schulen gibt es Ethik als verpflichtendes Fach für alle Schüler gemeinsam, egal welchen Glaubens. Religionsunterricht konnte freiwillig als Zusatzfach belegt werden. Die Initiative „Pro Reli", welche das Volksbegehren, das zum Volksentscheid führte, erfolgreich in die Wege leitete, wollte statt dieser Regelung ein Verfahren einführen, wie es in den meisten anderen Bundesländern gilt: Demnach sollen die Schüler zwischen konfessionell gebundenem Religionsunterricht, der von kirchlich genehmigten Lehrkräften erteilt würde, oder Ethik wählen können.

Die Initiative „Pro Reli" wurde von zahlreichen Prominenten unterstützt (Günther Jauch, Eckart von Hirschhausen, Lothar de Maizière, Arne Friedrich u. a.) und startete in Berlin eine beispiellose Medien- und Plakatkampagne. Dagegen gründete sich recht bald die Initiative „Pro Ethik", ebenfalls von Prominenten unterstützt (Walter Momper, Wolf Biermann, Desiree Nick, Klaus Staeck, Jenny Wolf, Gesine Schwan, Julia Franck, Bernhard Schlink u. a.), die die bisherige Regelung beibehalten wollte. Am Volksentscheid nahmen trotz der medialen Mobilisierung nur 29,2 % der Berliner teil. Von diesen stimmten 48,4 % für das Volksbegehren von „Pro Reli", hochgerechnet also 14,1 % der Wahlberechtigten. Mindestens 25 % wären aber nötig gewesen. Damit ist dieses Volksbegehren gescheitert und die Regelung in den Fächern Religion und Ethik bleibt in Berlin, wie sie war.

Einstiegsmöglichkeit

Der Lehrer schreibt die Slogans der „Pro Reli" Kampagne kommentarlos an die Tafel:

„In Berlin geht's um die Freiheit."   **„Freie Wahl!"**   **„Am 26. April ist Tag der Freiheit!"**

Leitfrage: Worum geht es hier?

Die Schüler werden kaum darauf kommen, worum es hier geht; wenn der Lehrer bekannt gibt, dass es sich um Slogans der Initiative „Pro Reli" handelt und die Schüler über deren Anliegen aufklärt, kann sich die Diskussion anschließen, ob diese Slogans und diese Kampagne dem Thema angemessen sind.

Zu den Aufgaben

4 **Regeln der Debatte bei** *Jugend debattiert* (www.jugend-debattiert.de)

> Debattiert wird zu jeweils vier Personen. Zwei sprechen sich für, zwei gegen das Gefragte aus. Einen Gesprächsleiter gibt es nicht. [...] Die Debatte gliedert sich in drei Teile: Eröffnungsrunde, Freie Aussprache und Schlussrunde. In der Eröffnungsrunde beantwortet jeder Teilnehmer die Streitfrage aus seiner Sicht. Dann wird die Aussprache in freiem Wechsel fortgesetzt. Nach Ende der Freien Aussprache beantwortet jeder Teilnehmer die Streitfrage im Lichte der geführten Debatte ein zweites Mal. [...] In der **Eröffnungsrunde** beginnt, wer die Änderung des bestehenden Zustands wünscht. Rede und Gegenrede wechseln einander ab. In der Eröffnungsrunde darf jeder Teilnehmer ohne Unterbrechung zwei Minuten sprechen. Die **Freie Aussprache** dauert insgesamt zwölf Minuten. In der **Schlussrunde** ist die Redezeit jedes Teilnehmers auf eine Minute begrenzt. Die Teilnehmer sprechen in gleicher Reihenfolge wie in der Eröffnungsrunde. Dabei steht es jedem frei, seine Position gegenüber der Eröffnungsrunde zu verändern. In der Schlussrunde sollen nur Gründe vorgetragen werden, die bereits in der Eröffnungsrunde oder in der Freien Aussprache genannt worden sind. [...] Über die Einhaltung der Redezeiten wacht ein Zeitwächter. Fünfzehn Sekunden vor Ablauf der Redezeit wird ihr nahes Ende durch einmaliges Klingelzeichen angezeigt. Das Überschreiten der Redezeit wird durch zweimaliges Klingelzeichen angezeigt und anschließend durch dauerndes Klingelzeichen unterbunden."
>
> www.jugend-debattiert.de/index.php?id=69 (17.02.2001)

Beruht das Grundgesetz Deutschlands auf „christlich-jüdischem Erbe"? – Interview mit dem Theologen Friedrich Wilhelm Graf

Friedrich Wilhelm Graf (geb. 1948) ist Professor für Systematische Theologie und Ethik an der Ludwig-Maximilians-Universität München. Veröffentlichungen u. a. „Missbrauchte Götter" (2009) und „Kirchendämmerung" (2011).

Frage: In der Reaktion auf Christian Wulffs Bemerkungen zum Islam spricht jetzt Volker Kauder, Fraktionschef der CDU/CSU, mit manchen anderen vom „Grundgesetz, das auf unserem christlich-jüdischen Erbe beruht". Was ist damit gemeint?

Graf: Zunächst muss man sagen, dass die Behauptung einfach falsch ist. Der moderne Verfassungsstaat, und speziell der Rechtsstaat in Deutschland, ist weithin gegen die Kirchen durchgesetzt worden. So wurde etwa noch weit bis in die Fünfzigerjahre in den Diskursen beider großer Kirchen der Begriff „Menschenrechte" eher kritisch gesehen, als liberalistische Verirrung des modernen Menschen. Später, im Zusammenhang mit der Diskussion um die Menschenwürde, wurde stärker über religiöse Wurzeln nachgedacht. Der Begriff „Menschenwürde" stammt von den antiken Stoikern, ist dann von den christlichen Kirchenvätern aufgenommen und in der christlichen Renaissance-Philosophie modelliert worden. Aber der enge Zusammenhang von Menschenwürde und Ebenbild-Vorstellungen ist erst ein Konstrukt des 20. Jahrhunderts.

Frage: Und was bedeutet der Begriff „christlich-jüdisch", der ja mit politischen Absichten verwendet wird?

Graf: Diese Formel ist wenig hilfreich, da sie fundamentale Differenzen zwischen Christentum und Judentum ausblendet. Es handelt sich um eine vor allem nach 1945 geprägte Wendung, die dann auch politische Korrektheit signalisierte. Gewiss wurde mit dem alttestamentlichen oder hebräisch-jüdischen Prophetismus eine universalistische Ethik institutionalisiert, das ist richtig, und diese hat auch das Christentum geprägt. Doch ist die Formel „christlich-jüdisch" in der aktuellen Verwendungsweise gefährlich, weil sie die Unterscheidung von Recht und Religion relativiert.

Frage: Inwiefern gefährlich?

Graf: Der freiheitliche Verfassungsstaat lebt doch gerade davon, dass er religiös neutral ist und dass zwischen moralischen, religiösen und rechtlichen Fragen prägnant unterschieden wird.

Frage: In Reaktion auf den Bundespräsidenten wird teils von christlich-jüdischen „Wurzeln" oder „Erbe" der Verfassung gesprochen, teils aber von ebensolchen „Werten". Was wäre denn der Unterschied?

Graf: Die Verfassung ist ein Produkt von Aufklärungsdenken. Und die ganze Werte-Rhetorik ist hoch ambivalent, weil sie ihrerseits die Unterscheidung von Moral und Recht unterläuft. Man hat als Staatsbürger eine Pflicht, und dies gilt unabhängig von der Religion, zum Rechtsgehorsam. Man hat aber nicht die Pflicht, irgendwelchen „Werten" zuzustimmen. Es ist nicht so, dass ein zugewanderter Muslim, der in diesem Land Staatsbürger ist, eine Werteordnung zu akzeptieren hätte, sondern eine Rechtsordnung.

Frage: Man sagt: Es möge ja sein, dass der Islam zu Deutschland gehöre, er trage aber nichts zu unseren Werten bei. Gibt es denn einen Unterschied zwischen den normativen „Beiträgen" der einheimischen und der zugewanderten Religion?

Graf: Nein. Spannungen zwischen religiösem Recht und staatlichem Recht gibt es in allen Religionskulturen. Auch das katholische Kirchenrecht ist nicht voll kompatibel mit dem Recht der Bundesrepublik Deutschland. Deshalb sagt aber niemand, die Katholiken seien keine Staatsbürger. Der Grund für auftretende Spannungen ist in beiden Fällen, dass moralische, kultische Vorstellungen und rituelle Regeln mit anderen Regeln wie etwa zum Familienrecht in Verbindung treten. Der Islam nun muss deshalb nicht zu den Werten der Bundesrepublik beitragen, weil die Rede von den Werten der Bundesrepublik schon falsch ist. Muslime können sich in ihrem Privatleben durchaus an den Regeln der Scharia orientieren, aber klar muss allen sein, dass die verbindliche Rechtsordnung das Grundgesetz ist.

[...]

Frage: Zugestanden, dass religiöse Kategorien in der Politik oft nur noch Kampfbegriffe sind – was ist aber mit den konkreten Kollisionen eines säkularen Staates mit einer frommen Praxis,

Manche Umarmungen, die wir Juden derzeit von einem Teil der nicht jüdischen deutschen Gesellschaft erfahren, sind mit Vorsicht zu genießen ... Gewiss: Die Geschichte der Juden in Deutschland reicht 1700 Jahre zurück: Verfolgungen, Ausgrenzungen und Massenmord durchziehen diesen Zeitraum bis in die Neuzeit. Christlich-jüdische Wurzeln wird man kaum finden.

Salomon Korn, Vizepräsident des Zentralrats der Juden in Deutschland (Süddeutsche Zeitung 27.01.2011, S. 13)

die sich davon absetzt, etwa in Schule und Erziehung? Gibt es da nicht sehr verschiedene Vorstellungen von Religionsfreiheit?

Graf: Natürlich bedeutet auch im Rechtssystem mehr Verschiedenheit mehr Konflikt. Zunehmende juristische Konflikte in religiösen Dingen sind ein Indikator für religiösen Wandel. Die deutsche Tradition ist, dass religiösen Akteuren starke Rechte eingeräumt werden[1]; dass der Staat religiös und weltanschaulich neutral ist, sich aber positiv zu Religionsgemeinschaften verhält. Dieses spezifische deutsche Modell kann auch auf muslimische Akteure im Lande Anwendung finden. Dies wird allerdings im restlichen Europa zum Teil sehr kritisch gesehen. Da sind weitere Auseinandersetzungen zu erwarten.

Frage: Was bringt uns weiter: ein Bekenntnis zur Tradition des deutschen Verständnisses von Religionsfreiheit – oder ein streng laizistisches Vorgehen, bei dem man Kopftücher aus den Schulen verbannt?

Graf: Nun, der Laizismus hat jedenfalls kontraproduktiv gewirkt. In Frankreich hat er die Konflikte nicht gelöst, sondern eher neue erzeugt. Bei uns dürfen muslimische Schülerinnen Kopftuch tragen; ein Verbot wäre eher schädlich. Mehr Flexibilität, mehr Offenheit für die Bekundung von religiösen Überzeugungen im öffentlichen Raum erscheint mir sinnvoller als Repression. Im Übrigen ist das besondere Erbe solcher Religionsfreiheit ja auch juristisch kodifiziert. Zum Grundgesetz gehört auch ein entsprechendes Staatskirchenrecht, ich sage lieber: Religionsverfassungsrecht. Dieses ist offen für Pluralismus – es setzt kein Bekenntnis zum Christentum voraus. Ich meine: Wir sollten das Grundgesetz nicht taufen, das macht alles nur viel schwieriger.

Süddeutsche Zeitung, 13.10.2010, S. 13 (Interview: Johan Schloeman)

---

[1] Das Grundgesetz bestimmt in Art. 140 die Weitergeltung der Artikel 136, 137, 138, 139 und 141 der Weimarer Verfassung (1919) bezüglich Religionsgemeinschaften.

1 Mit welchen Argumenten weist Graf die Formel „christlich-jüdisches Erbe" zurück? Worin sieht er demgegenüber die Grundlagen unserer Verfassung?

2 Was ist für Bundespräsident Wulff konstitutiv für unseren Verfassungsstaat?

3 Nennen und diskutieren Sie Gründe und Beispiele für die „weltanschauliche Neutralität" des Staates und dafür, dass „religiösen Akteuren starke Rechte eingeräumt" sind (z. B. hinsichtlich der Beschneidung).

Bundespräsident Wulff in einer Rede am 03.10.2010:

„Zuallererst brauchen wir eine klare Haltung: Ein Verständnis von Deutschland, das Zugehörigkeit nicht auf einen Pass, eine Familiengeschichte oder einen Glauben verengt. Das Christentum gehört zweifelsfrei zu Deutschland. Das Judentum gehört zweifelsfrei zu Deutschland. Das ist unsere christlich-jüdische Geschichte. Aber der Islam gehört inzwischen auch zu Deutschland. [...]

Zu Hause sein in diesem Land, das heißt, unsere Verfassung zu achten und zu schützen: zuallererst die Würde eines jeden Menschen, die Meinungsfreiheit, die Glaubens- und Gewissensfreiheit, die Gleichberechtigung von Mann und Frau. Sich an unsere gemeinsamen Regeln zu halten und unsere Art zu leben zu akzeptieren. Wer das nicht tut, wer unser Land und seine Werte verachtet, der muss mit entschlossener Gegenwehr rechnen – das gilt für fundamentalistische ebenso wie für linke und rechte Extremisten."

Zitiert nach: Frankfurter Allgemeine Zeitung, 04.10.2010, S. 8

Erläuterungen zum Text

Z. 10 (antike Stoiker): zur Philosophie der Stoa s. „Standpunkte der Ethik, 2011", S. 140; Z. 10. (christliche Kirchenväter): Kirchenväter (z. B. Augustinus) sind Theologen des 2.–7. Jh., die die christliche Theologie entwickelten und als Autoritäten gelten; Z. 11 (Renaissance-Philosophie): z. B. Pico de Mirandola, Erasmus von Rotterdam, Johannes Reuchlin, s. „Standpunkte der Ethik, 2011", S. 38/39. Zum Zitat von Salomon Korn: Die vollständige Interview-Antwort lautet: „In dem Maße, in dem die Zuwanderung von Muslimen zugenommen hat, werden Juden anders betrachtet. Plötzlich ist da die Rede von den ‚christlich-jüdischen Wurzeln des Abendlandes' – so, als ob man die Juden in eine gemeinsame Front gegen die Muslime einbinden müsste. Manche Umarmungen, die wir derzeit von einem Teil der nicht jüdischen deutschen Gesellschaft erfahren, sind mit Vorsicht zu genießen. Solche Gesten könnten funktionalistisch motiviert sein." (Süddeutsche Zeitung, 27.01.2011, S. 13)

Einstiegsmöglichkeit

Der Lerngruppe werden (ggf. als vorbereitende Hausaufgabe) vier Äußerungen vorgelegt (Bezug zu Z. 23 f. und Z. 28 f. des Textes):

1. Handlungen, deren Wirkung vor Abschluss der Einnistung des befruchteten Eies in der Gebärmutter eintritt, gelten nicht als Schwangerschaftsabbruch.
2. Vom Zeitpunkt der Zeugung an ist ein Abbruch des weiteren biologischen Verlaufs unter allen Umständen verboten, weil er dem Willen des Schöpfers widerspricht.
3. Ein Schwangerschaftsabbruch ist, wenn bestimmte und nachweisbare Voraussetzungen erfüllt sind, straflos.
4. Ein Schwangerschaftsabbruch ist abzulehnen, weil man für die begangene Handlung und deren Folge verantwortlich ist und in jedem Fall einzustehen hat.

Aufgaben:
- Welche dieser Positionen sind rechtlicher, welche moralischer, welche religiöser Natur?
- Welche davon sollten in einem weltanschaulich-neutralen Staat gelten? Aus welchem Grund?
(Nr. 1 und 3: StGB §§ 218 und 218a; Nr. 2: religiös-christlich: mit der Zeugung schafft Gott die unsterbliche Seele und somit das volle Menschsein; Nr. 4: moralisch bzw. sollens- bzw. gesinnungsethisch/prinzipienethisch)

Zu den Aufgaben

1 Z. B.: Verfassung „weithin gegen die Kirchen durchgesetzt" (s. dazu den „Syllabus errorum" und den „Antimodernisteneid", S. 10); „Zusammenhang von Menschenwürde und Ebenbild-Vorstellungen ist Konstrukt des 20. Jh."; „fundamentale Unterschiede zwischen Christentum und Judentum sind ausgeblendet", die Formel ist „gefährlich, weil sie die Unterscheidung von Recht und Religion relativiert"; man sollte das Grundgesetz „nicht taufen". – Verfassungsstaat „lebt davon, dass zwischen moralischen, rechtlichen und religiösen Fragen prägnant unterschieden wird": Verfassung ist „ein Produkt von Aufklärungsdenken", „religiösen Akteuren werden starke Rechte eingeräumt" und verhält sich „positiv zu den Religionsgemeinschaften", ist aber „religiös und weltanschaulich neutral".

2 Die Würde des Menschen und die Verfassung zu achten und zu schützen; Glaubens- und Gewissensfreiheit und die Gleichberechtigung von Mann und Frau zu achten; sich an gemeinsame Regeln zu halten; unsere Art zu leben zu akzeptieren

3 Z. B.: keine Verpflichtung, einer Religionsgemeinschaft anzugehören; Wahlmöglichkeit zwischen Ethikunterricht und Religionsunterricht; keine Verpflichtung zur Teilnahme an religiösen Handlungen – Z. B.: Religionsunterricht als ordentliches Lehrfach an Schulen (GG, Art. 7); Alimentierung der Kirchen (s. S. 25); Duldung des religiösen Initiationsritus der Beschneidung männlicher Kinder (s. Standpunkte der Ethik [2011], Lehrerband, S. 96)

Grundgesetzartikel zum Verhältnis Staat und Religion

Grundgesetz Artikel 4

(1) Die Freiheit des Glaubens, des Gewissens und die Freiheit des religiösen und weltanschaulichen Bekenntnisses sind unverletzlich.

(2) Die ungestörte Religionsausübung wird gewährleistet.

5 (3) Niemand darf gegen sein Gewissen zum Kriegsdienst mit der Waffe gezwungen werden. Das Nähere regelt ein Bundesgesetz.

Grundgesetz, Artikel 7, Abs. 1–3:

(1) Das gesamte Schulwesen steht unter Aufsicht des Staates.

(2) Die Erziehungsberechtigten haben das Recht, über die Teilnahme des Kindes am Religions-
10 unterricht zu bestimmen.

(3) Der Religionsunterricht ist in den öffentlichen Schulen mit Ausnahme der bekenntnisfreien Schulen ordentliches Lehrfach. Unbeschadet des staatlichen Aufsichtsrechts wird der Religionsunterricht in Übereinstimmung mit den Grundsätzen der Religionsgemeinschaften erteilt. Kein Lehrer darf gegen seinen Willen verpflichtet werden, Religionsunterricht zu erteilen.

15 ### Grundgesetz, Artikel 140: Weitergeltung der Artikel 136, 137, 138, 139 und 141 der Weimarer Verfassung [1919], Religionsgemeinschaften betreffend

Artikel 136

(1) Die bürgerlichen und staatsbürgerlichen Rechte und Pflichten werden durch die Ausübung der Religionsfreiheit weder bedingt noch beschränkt.

20 (2) Der Genuss bürgerlicher und staatsbürgerlicher Rechte sowie die Zulassung zu öffentlichen Ämtern sind unabhängig vom religiösen Bekenntnis.

(3) Niemand ist verpflichtet, seine religiöse Überzeugung zu offenbaren. Die Behörden haben soweit das Recht, nach der Zugehörigkeit zu einer Religionsgesellschaft zu fragen, als davon Rechte und Pflichten abhängen oder eine gesetzlich angeordnete statistische Erhebung dies er-
25 fordert.

(4) Niemand darf zu einer kirchlichen Handlung oder zur Teilnahme an religiösen Übungen oder zu Benutzung einer religiösen Eidesform gezwungen werden.

Artikel 137 (Auszug)

(1) Es besteht keine Staatskirche. [...]
30 (3) Jede Religionsgesellschaft ordnet und verwaltet ihre Angelegenheiten selbstständig innerhalb der Schranken des für alle geltenden Gesetzes. Sie verleiht ihre Ämter ohne Mitwirkung des Staates oder der bürgerlichen Gemeinde. [...]

(6) Die Religionsgesellschaften, die Körperschaften des öffentlichen Rechts sind, sind berechtigt, aufgrund der bürgerlichen Steuerlisten nach Maßgabe der landesrechtlichen Bestimmungen
35 Steuern zu erheben. [...]

Artikel 141

Soweit das Bedürfnis nach Gottesdienst und Seelsorge im Heer, in Krankenhäusern, Strafanstalten oder sonstigen Anstalten besteht, sind die Religionsgesellschaften zur Vornahme religiöser Handlungen zuzulassen, wobei jeder Zwang fernzuhalten ist.

Grundgesetzbuch, dtv [42]2010

Strafgesetzbuch § 166

StGB § 166 Beschimpfung von Bekenntnissen, Religionsgesellschaften und Weltanschauungsvereinigungen. (1) Wer öffentlich oder durch Verbreitung von Schriften (§ 11 Abs. 3) den Inhalt des religiösen oder weltanschaulichen Bekenntnisses anderer in einer Weise beschimpft, die geeignet ist, den öffentlichen Frieden zu stören, wird mit Freiheitsstrafe bis zu drei Jahren oder
5 mit Geldstrafe bestraft. (2) Ebenso wird bestraft, wer öffentlich oder durch Verbreitung von Schriften (§ 11 Abs. 3) eine im Inland bestehende Kirche oder andere Religionsgesellschaften oder Weltanschauungsvereinigung, ihre Einrichtungen oder Gebräuche in einer Weise beschimpft, die geeignet ist, den öffentlichen Frieden zu stören.

Strafgesetzbuch, dtv [47]2009

Herbert Schnädelbach: Freiheitlich-säkularer Staat und Religion

Der Philosoph **Herbert Schnädelbach** (geb. 1936) lehrte u. a. an der Humboldt-Universität Berlin.

Zehrt der freiheitlich säkularisierte Staat von normativen Voraussetzungen, die er selbst nicht garantieren kann?

Die Frage bezieht sich auf das berühmte Böckenförde[1]-Dilemma, „Der freiheitliche, säkularisierte Staat lebt von Voraussetzungen, die er selbst nicht garantieren kann", und da ist nicht nur von normativen Voraussetzungen die Rede. Böckenförde selbst spricht in seiner Begründung viel 5 allgemeiner von „inneren Regulierungskräften", ohne die ein freiheitlicher Staat nicht bestehen kann, die er aber nicht „mit den Mitteln des Rechtszwanges und autoritativen Gebots zu garantieren" vermag, „ohne seine Freiheitlichkeit aufzugeben". Genannt werden dann die „moralische Substanz des Einzelnen" und die „Homogenität der Gesellschaft".

Diese vollkommen zutreffende Problemdiagnose erlebte nicht ihre gegenwärtige Konjunktur, 10 wenn sie heute nicht in mindestens zweifacher Weise instrumentalisiert würde: einmal zum Zweck einer erneuten Beschwörung von „Werten" und zum anderen in der Absicht, die Religion wieder interessant zu machen und ihre „Wiederkehr" zu befördern. Beides hängt natürlich miteinander zusammen, denn der besorgte *Common Sense* meint, ohne Gott gebe es keine Moral, und dann sei alles erlaubt. 15

Ärgerlich an dieser Denkweise ist die Vorstellung, in der modernen Kultur könne nur die Religion die „moralische Substanz des Einzelnen" und die „Homogenität der Gesellschaft" garantieren, was im Umkehrschluss bedeutet, die Säkularisierung sei für den moralischen und sozialen Verfall verantwortlich, den die ängstlichen Konservativen überall am Werke sehen: 20 also „Zurück zur Religion!" So etwas läuft auf einen strategischen Umgang mit dem Religiösen hinaus, der nicht nur dessen eigenem Sinn vollständig widerspricht, sondern selbst den frommen Atheisten erbittern muss, denn der möchte das religiöse Erbe nicht zum bloßen Mittel der Verhaltenssteuerung und zum „Kitt" der Gesellschaft herabgesetzt sehen. 25

Wovon also lebt der „freiheitliche, säkularisierte Staat"? Das Religiöse hat er in die Privatheit entlassen und schützt es dort, aber er verzichtet darauf, es als Legitimationsquelle zu nutzen. Tatsächlich ist er das Ergebnis der Verrechtlichung einer bürgerlichen, aufgeklärten Lebenswelt vor dem Hintergrund der Erfahrungen der Schrecken konfessioneller Bürgerkriege sowie 30 der politischen und industriellen Revolution. Hier sind die realen Wurzeln der Ideen von 1789, aber auch einer Moral „auf eigenen Füßen" und der uns vertrauten pluralen „offenen" Gesellschaft, deren innerer Zusammenhalt uns ständig Sorgen bereiten mag. Ohne dass diese historischen Voraussetzungen lebendig bleiben und von uns lebendig gehalten werden, gerät der 35 moderne Rechtsstaat zum leeren Gehäuse – wie einst die Weimarer Republik.

aus: Herbert Schnädelbach, Religion in der modernen Welt. Vorträge, Abhandlungen, Streitschriften. © Fischer Taschenbuch Verlag in der S. Fischer Verlag GmbH, Frankfurt am Main 2008

---

[1] Ernst-Wolfgang Böckenförde (geb. 1930): Staats- und Verfassungsrechtler, war von 1983 bis 1996 Bundesverfassungsrichter.

1 *Welche Schlussfolgerungen aus dem Diktum Böckenfördes bezeichnet der Autor als „ärgerlich"? Aus welchen Gründen?*

2 *„Wovon also lebt der ‚freiheitliche, säkularisierte Staat?'" Wie beantwortet der Autor diese Frage? Konkretisieren Sie seine Antworten.*

3 *Welche Rolle sollte die Religion Ihrer Meinung nach in einem freiheitlich-säkularen Staat spielen? Diskutieren Sie. Vergleichen Sie Ihre Überlegungen mit den Grundgesetzartikeln 4, 7 und 140.*

Erläuterungen zum Text

Ernst-Wolfgang Böckenförde (geb. 1930): Rechtsphilosoph, Staats- und Verwaltungsrechtler, von 1993–1996 Mitglied des Bundesverfassungsgerichts. Nach Böckenförde findet der säkulare Staat seine Grundlagen und sein Wertfundament nicht mehr unter legitimatorischem Bezug auf eine Religion, sondern nur noch im Konsens der Bürger. Das Dilemma für den Rechtsstaat besteht nun darin, dass er einerseits nur bestehen kann, „wenn sich die Freiheit, die er seinen Bürgern gewährt, von innen her, aus der moralischen Substanz des Einzelnen und der Homogenität der Gesellschaft reguliert. Andererseits aber kann er diese inneren Regulierungskräfte nicht von sich aus, das heißt mit den Geboten des Rechtszwangs und autoritativen Gebots, zu garantieren suchen, ohne seine Freiheitlichkeit aufzugeben und – auf säkularisierter Ebene – in jenen Totalitätsanspruch zurückzufallen, aus der er in den konfessionellen Bürgerkriegen herausgeführt hat.“ (Böckenförde: Recht, Staat, Freiheit. Frankfurt/Main 2/1992, S. 112 f.)

Auf die Kritik, Böckenförde würde die ethisch-moralische Rolle der Religion zu stark betonen, führte er in einem Interview aus dem Jahr 2010 aus: „Vom Staat her gedacht, braucht die freiheitliche Ordnung ein verbindendes Ethos, eine Art ‚Gemeinsinn‘ bei denen, die in diesem Staat leben. Die Frage ist dann: Woraus speist sich dieses Ethos, das vom Staat weder erzwungen noch hoheitlich durchgesetzt werden kann? Man kann sagen: zunächst von der gelebten Kultur. Aber was sind die Faktoren und Elemente dieser Kultur? Da sind wir dann in der Tat bei Quellen wie Christentum, Aufklärung und Humanismus. Aber nicht automatisch bei jeder Religion.“ (Frankfurter Rundschau, 02.11.2010, S. 32)

Einstiegsmöglichkeit

Den Schülerinnen und Schülern werden die Anfangsworte der Präambel des Grundgesetzes und des Europäischen Grundlagenvertrages (2007) vorgetragen: „Im Bewusstsein seiner Verantwortung vor Gott und den Menschen [...]“ – „Schöpfend aus den kulturellen, religiösen und humanistischen Traditionen Europas [...]“ In der vergleichenden Betrachtung könnten die Gemeinsamkeiten und Unterschiede herausgestellt werden, verbunden mit der Frage nach der Bedeutung der Religion. (Anmerkung: Der „Gott des Grundgesetzes“ ist nicht mit dem christlich-personalen Gott gleichzusetzen, die Formulierung stellt lediglich heraus, dass sich der Staat nicht absolut setzt.) Der Text könnte verbunden werden mit dem Text von Comte-Sponville, „Keine Moral ohne Religion?“ (S. 44), und mit dem Text von Heinrich Wefing, „Passt der Islam zur deutschen Verfassung?“ (S. 22).

Zu den Aufgaben

1 „Ärgerlich“: „Instrumentalisierung“ des von Böckenförde beschriebenen Problems, um wieder nach „Werten“ zu rufen und um die Religion „wieder interessant zu machen“ (Z. 11 f.); die „Überbetonung der Rolle der Religion“ (Z. 14 bis 21) für die gesellschaftliche Moral und den „strategischen“ Umgang mit der Religion als „bloßes Mittel der Verhaltenssteuerung“ (Z. 21–25).

2 Kennzeichen/Hintergrund: Verrechtlichung der bürgerlichen, aufgeklärten Lebenswelt. Lehre aus den Erfahrungen mit Konfessionskriegen und der „politischen und industriellen Revolution“, Religion nicht als „Legitimationsquelle“; stattdessen eine Moral, die in einer pluralen, offenen Gesellschaft „auf eigenen Füßen“ steht (Z. 32).
Zum Anspruch der Religion (vor allem des Katholizismus) auf Gestaltung der Gesellschaft nach ihren Vorstellungen s. den „Syllabus errorum“ und die Auseinandersetzung mit Bismarck („Kulturkampf“, S. 10) oder den Hinweis auf den Umstand, dass die katholische Kirche erst mit dem Zweiten Vatikanischen Konzil (1962–1965) das Recht auf Religions- und Glaubensfreiheit anerkannte.

3 Die entsprechenden Grundgesetzartikel, die Grundlage der Diskussion sein sollen, befinden sich auf S. 17.

„Die Glaubensfreiheit endet, wo in ihrem Namen die Verletzung der Menschenwürde beginnt" – Interview mit dem Bundesverfassungsrichter Udo Di Fabio

Spiegel: Professor Di Fabio, über Jahrzehnte galt der Rückzug der Religion aus der modernen Gesellschaft als Naturgesetz. Jetzt aber wird leidenschaftlich um Minarette und Gebetsräume für Muslime gestritten – und sogar über den Papst. Wie erklären Sie sich dieses Comeback der Religion?

Di Fabio: Lange gingen wir davon aus, dass die Religion irgendwann aus dem öffentlichen Raum verschwunden sein würde. Kirchenaustritt war angesagt, Gott allenfalls nebensächlich. Mehrere Faktoren haben aber inzwischen zu einer Renaissance des Religiösen geführt. Der vielleicht wichtigste: die Einwanderung aus dem islamischen Kulturkreis. Dass der Islam in der Öffentlichkeit so sichtbar wird, rührt zu Rückfragen nach unserer eigenen kulturellen und religiösen Identität.

Spiegel: Die Säkularisierung ist zu Ende?

Di Fabio: Ja und nein. Nein, weil die Erosion der Kirchen vielleicht noch nicht ihr Ende erreicht hat. Ja, weil der Mensch ein spirituelles Wesen ist, das sucht und sich nicht allein mit Konsum und Zweckrationalität begnügt. [...]

Spiegel: Der Wahrheitsanspruch der Religionen hat auch eine totalitäre Tendenz.

Di Fabio: Das ist wahr. Glaubensgewissheit kann unerbittlich, absolut und intolerant sein. Es gab diese Tendenz auch in der langen Geschichte des Christentums und in mancher politischen Heilslehre. Deshalb ist unser Verfassungsstaat weltanschaulich neutral. Er nimmt nicht Partei, hegt aber eine positive Grundeinstellung zur Religion und setzt nicht auf strikte laizistische[1] Trennung von Staat und Kirche. Der Staat weiß, dass seine kulturellen Grundlagen gestärkt werden durch aktive Glaubensgemeinschaften, die auf dem Fundament der Achtung persönlicher Freiheit stehen. [...]

Spiegel: Was aber, wenn ein kämpferischer Islam den Freiraum nur gnadenlos ausnutzt, den unsere Ordnung gebietet?

Di Fabio: Wer liberal ist, muss nicht naiv sein. Wenn unsere Hoffnungen sich als Illusionen entpuppen sollten, wenn es etwa an Schulen zu Übergriffen von Gläubigen auf Nichtgläubige käme, wenn Zwang, Gewalt und Fremdbestimmung sich ausbreiten würden, dann darf man nicht einfach nur zu- oder gar wegschauen, sondern muss die Grenzen des Erlaubten klar markieren. Es ist eben eine Fehlvorstellung, dass Liberalität Weichheit bedeutet. Liberalität ist anstrengend. Das gilt auch im Umgang mit der Religion. [...]

Spiegel: Gibt Religion das Recht, Grundrechte anderer zu verletzen? Bei der Zwangsehe etwa?

Di Fabio: Die Glaubens- und Gewissensfreiheit ist ein starkes Grundrecht – aber sie rechtfertigt keine Gesetzesverstöße, sondern ist eingebettet in ein Rechtssystem, das von der Würde des freien und gleichberechtigten Menschen ausgeht, Männer wie Frauen. Religiöse Gemeinschaften haben das Recht, ihre eigenen Angelegenheiten zu regeln. Wenn aber Kinder mit brutaler Gewalt gezüchtigt werden, kann das nie durch den Glauben gerechtfertigt sein, genauso wenig wie Zwangsheiraten. Die Glaubensfreiheit endet, wo in ihrem Namen die Verletzung der Menschenwürde beginnt. Auch wer zum Heiligen Krieg aufruft oder wegen Beleidigung des Propheten eine Fatwa[2] verhängt, kann dafür nicht die Glaubensfreiheit in Anspruch nehmen.

SPIEGEL 14/2010, Seite 30

1 Aus welchen Gründen ist die Staatsverfassung Deutschlands „weltanschaulich neutral", setzt jedoch nicht auf eine strikte Trennung von Staat und Kirche?

2 Nennen und erörtern Sie Beispiele für die Grenzen der Religionsfreiheit.

3 Diskutieren Sie an Beispielen, warum Liberalität nicht „Weichheit" bedeutet und „anstrengend" ist.

---

[1] Laizismus (lat.): weltanschauliche Richtung, die eine strikte Trennung von Kirche und Staat vertritt
[2] Fatwa: Rechtsgutachten im Islam mit der Feststellung, ob eine Handlung mit dem islamischen Recht übereinstimmt oder nicht

Einstiegsmöglichkeit

Verlesen nachfolgender Zeitungsmeldung mit der Frage nach Erklärungsmöglichkeiten und Konsequenzen oder: Verlesen des Zusatztextes mit der Frage nach den Grenzen der Toleranz

Die Gewaltbereitschaft junger Muslime wächst mit zunehmender Bindung an den Islam – während junge Christen weniger Gewalttaten begehen, je gläubiger sie sind. Zu diesem Ergebnis kommt der Kriminologe Christian Pfeiffer in einem gemeinsamen Forschungsprojekt mit dem Bundesinnenministerium. Auch für das Gelingen der Integration ist demnach die Religion ein Indikator: Die Gruppe junger Migranten ohne Konfession sei am besten in die deutsche Gesellschaft integriert. Sie fühlen sich zu 66 % als Deutsche, junge Muslime tun dies nur zu 21,6 %.

Welt am Sonntag, 06.06.2010

Zu den Aufgaben

1 Da „Glaubensgewissheit unerbittlich, absolut und intolerant sein kann" (Z. 16) und der Wahrheitsanspruch der Religionen totalitäre Tendenzen aufweisen kann.

2 Die Grenzen der Religionsfreiheit sind gegeben, wenn „Zwang, Gewalt und Fremdbestimmung sich ausbreiten würden" (Z. 27) und wenn damit Gesetzesverstöße gerechtfertigt würden (Z. 32 f.) oder eine „Verletzung der Menschenwürde". Auch Aufrufe zum „Heiligen Krieg" oder die Verhängung einer Fatwa wegen „Beleidigung des Propheten" (Z. 38 f., s. dazu den Fall Salman Rushdie, „Standpunkte der Ethik, 2011", S. 112 f.) verhängt wird. Religion ist „eingebettet in ein Rechtssystem, das von der Würde des freien und gleichberechtigten Menschen ausgeht, Männer wie Frauen" (Z. 33 f.).

3 „Weichheit" kann aus Opportunitätsgründen, aus Naivität oder auch aus Angst vorliegen. Von Bedeutung ist in diesem Zusammenhang vor allem die Frage nach der eigenen „kulturellen und religiösen Identität" (Z. 9). Falls man diese nicht reflektiert bzw. nicht kennt, ist „Weichheit" nichts anderes als Schwäche. Interessant wäre hier die Frage nach den „kulturellen, religiösen und humanistischen Traditionen Europas" (so die Präambel des europäischen Grundlagenvertrages, 2007, s. „Standpunkte der Ethik, 2011", S. 38 f.).

Zusatztext

Henryk M. Broder: „Wer heute die Werte der Aufklärung verteidigen will, muss intolerant sein" (2007)

Wir werden täglich aufgerufen, für alle möglichen Fundamentalismen und Fanatismen Verständnis zu haben und Toleranz zu praktizieren, Vorleistungen zu erbringen, ohne Gegenleistungen zu erwarten. Toleranz steht auf dem Paravent, hinter dem sich Bequemlichkeit, Faulheit und Feigheit verstecken. Toleranz ist die preiswerte Alternative zum aufrechten Gang, der zwar
5 gepredigt, aber nicht praktiziert wird.
Wer heute die Werte der Aufklärung verteidigen will, der muss intolerant sein, der muss Grenzen ziehen und darauf bestehen, dass sie nicht überschritten werden. Der darf „Ehrenmorde" und andere Kleinigkeiten nicht mit dem „kulturellen Hintergrund" der Täter verklären und den Tugendterror religiöser Fanatiker, die Sechzehnjährige wegen unkeuschen Lebenswandels
10 hängen, nicht zur Privatangelegenheit einer anderen Rechtskultur degradieren, die man respektieren müsse, weil es inzwischen als unfein gilt, die Tatsache auszusprechen, dass nicht alle Kulturen gleich und gleichwertig sind.

SPIEGEL ONLINE, www.spiegel.de/kultur/gesellschaft/0,1518,490497-3,00.html

Heinrich Wefing: Passt der Islam zur deutschen Verfassung?

Grundgesetz

Menschenrechtskonvention
Europäischer Gerichtshof
Bundesverfassungsgerichtsgesetz
Parteiengesetz
Untersuchungsausschussgesetz
EUV · AEUV
EU-GR-Charta

43. Auflage
2011

Beck-Texte im dtv

Das **Grundgesetz** der Bundesrepublik Deutschland trat am 23.5.1949 in Kraft. Die das Verhältnis von Staat und Religion betreffenden Artikel sind Art. 4, 7 und 140.

Wie steht die Kirche zum Staat? Lange schien das in Deutschland geklärt. Bis vor Kurzem galt die Frage nach dem Verhältnis von Glauben und Gesetz als rein akademisches Relikt. Der Artikel 4 des Grundgesetzes, der die Religionsfreiheit garantiert, war eine weithin erkaltete Rechtsmaterie, die allenfalls Juristen interessierte. Gesellschaftlich schien das Thema erledigt. Die Religionsfreiheit ist wieder ein heißer, leidenschaftlich umkämpfter Stoff. [...] 5

Das christliche Europa hat nach seinen mörderischen Religionskriegen ein anspruchsvolles Konzept der Toleranz, des Nebeneinanders von Kirche und Staat entwickelt, das vor allem eines soll: Frieden stiften. Jeder ist in seinem Glauben frei, so lautet in Deutschlands Verfassung der zentrale Satz. Es gibt keine Staatskirchen, aber auch keine rigide laizistische Trennung von öffentlichem Raum und privatem Bekenntnis wie in Frankreich oder den USA. Der deutsche Staat 10 pflegt vielmehr eine „wohlwollende Neutralität", er schätzt die Religion, er fordert die Kirchen, auch finanziell, weil er im Glauben eine Kraft sieht, die der Gesellschaft Orientierung geben kann und damit zur Stabilität des Staates beiträgt.

Zu diesem fein ausgetüftelten System steht der Islam einstweilen quer. Erstens, weil das deutsche Modell über Jahrhunderte hinweg auf das Verhältnis zu den christlichen Kirchen zuge- 15 schnitten wurde. Dabei zwang man Katholiken und Protestanten zu massiven Zugeständnissen, sei es die Anerkenntnis der Religionsfreiheit, sei es die Bereitschaft, den Kirchenaustritt zuzulassen. Dem Dogma nach sah die Taufe nämlich keinen Austritt vor. Zugleich ist aber in diesem Prozess der Aushandlung auch eine Vertrautheit entstanden, die zwischen dem bundesdeutschen Staat und dem Islam bislang noch fehlt. 20

Zweitens kennt der in sich vielgestaltige Islam keine innere Verfassung, keine kirchenähnliche Struktur – der Staat hat deshalb (bislang) schlicht kein Gegenüber, keine umfassend legitimierten Ansprechpartner, mit denen er verhandeln könnte. Ganz konkret wird dieses Problem bei der Organisation des islamischen Religionsunterrichts an staatlichen Schulen: Welcher Islamverband, welche geistliche Richtung sollte die Gestaltung des Unterrichts bestimmen? Sunni- 25 ten, Schiiten, Aleviten? Alle gemeinsam? Oder jeder für sich?

Vor allem aber lässt sich der Islam nicht bruchlos in das etablierte bundesrepublikanische System einpassen, weil es im Islam starke Strömungen gibt, die das Säkulare bekämpfen. Sie stellen den Vorrang des weltlichen Rechts vor dem göttlichen infrage und lehnen die Herrschaft der Verfassung ab. Sie beharren auf außerweltlichen Letztbegründungen, relativieren die Men- 30 schenrechte und sehen in der Demokratie bestenfalls eine Übergangsphase zum Gottesstaat, wenn nicht Teufelswerk.

Solchen fundamentalistischen Tendenzen kann der religiös neutrale Staat nur entgegentreten, wo sie sich gegen seine Institutionen und Werte richten. Innerhalb der muslimischen Gemeinschaften aber müssen die Gläubigen selbst die Auseinandersetzung führen. Diese innerisla- 35 mischen Klärungsprozesse brauchen Zeit. [...]

Nicht zufällig hat sich der Deutsche Juristentag gerade jetzt mit der Frage nach der staatlichen Neutralität in Zeiten neuer Religionskonflikte beschäftigt. Kann der liberale Staat tolerant bleiben, wenn ihm Intoleranz begegnet? Und umgekehrt: Kann man an den tradierten Konzepten festhalten, wenn die neu hinzugetretene Religion sich benachteiligt fühlt? 40

Die Juristen haben darauf eine überraschende, weil reichlich unjuristische Antwort gegeben. Bedächtig und rücksichtsvoll, bestehen sie auf Debatten – und auf gesellschaftlichen Klärungen. Und siehe da: Der Kulturkampf findet nicht statt. Jedenfalls nicht mit den Mitteln des Rechts.

DIE ZEIT, 30.09.2010, S. 70

1 *Worin besteht das ausgetüftelte System des Verhältnisses von Staat und Religion in Deutschland?*

2 *Aus welchen Gründen liegt der Islam diesem System „einstweilen quer"?*

3 *Diskutieren Sie vor dem Hintergrund des Textes das Für und Wider eines islamischen Religionsunterrichts an staatlichen Schulen.*

Einstiegsmöglichkeit

Als Einstiegsimpuls könnte die Frage dienen, warum es bislang keinen islamischen Religionsunterricht gibt bzw. ob es einen solchen geben sollte (s. Aufgabe 3). Hieran könnte sich die Frage, ob der Islam zur deutschen Verfassung passt, anschließen.

Zu den Aufgaben

1 Keine Staatskirche, aber auch keine laizistische Trennung von öffentlichem Raum und privatem Bekenntnis; Garantie der Glaubens- und Gewissensfreiheit; wohlwollende Neutralität; Alimentierung der Kirchen (s. dazu S. 25); der Staat sieht „im Glauben eine Kraft", die „Orientierung" geben kann und zur „Stabilität des Staates" beiträgt. S. im Einzelnen die Kopiervorlage der Grund- und Strafgesetzbuchartikel auf S. 17.

2 1. Z. 21 f.: Islam ist vielgestaltig, kennt keine innere Verfassung, keine kirchenähnliche Struktur. Deshalb hat der Staat keinen umfassend legitimierten Ansprechpartner, mit dem er verhandeln könne. 2. Z. 28: Im Islam gibt es starke Strömungen, die das Säkulare bekämpfen und die eine Verfassung ablehnen, die dem weltlichen Recht den Vorrang vor dem göttlichen gibt. 3. Z. 30 f.: Strömungen im Islam beharren auf außerweltlichen Letztbegründungen und relativieren die Demokratie als Übergangsphase zum Gottesstaat.

3 Mögliche Aspekte: **Für:** 1. Anerkennung und Aufwertung des Islam als einer Großreligion 2. Korrektiv zur reinen Glaubensvermittlung (unterschiedlicher Ausrichtung) in Islamschulen **Wider:** 1. Das Schulwesen steht unter Aufsicht des Staates (GG, Art. 7), der dazu (wie bei den christlichen Großkirchen) ein rechtliches Gegenüber in Form einer „Körperschaft des öffentlichen Rechts" braucht. Dies ist bei der Vielzahl unterschiedlicher Islamverbände mit unterschiedlicher innerislamischer Ausrichtung und Zielsetzung nicht gegeben. Es fehlt eine „kirchenähnliche Struktur" (Z. 21). 2. Ein Islamunterricht würde (wie schon bei der Trennung der Schüler in evangelischen und katholischen Religionsunterricht) die Schülerschaft unterrichtsorganisatorisch weiter spalten. Dies steht im Widerspruch zur Aufgabe der Schule, die Integration zu fördern. 3. Es fehlen (auf absehbare Zeit) die dafür staatlich ausgebildeten Lehrer. 4. Es fehlt eine islamische Theologie, die (wie bei den christlichen Großkirchen) wissenschaftlichen Ansprüchen genügt (z. B. keine innerislamische historisch-kritische Exegese des Koran) und an den Universitäten als Fachbereich etabliert ist (s. die Zeilen 24 bis 26).

Zusatztext

Islam und Demokratie – Die Türkei zeigt, wie das geht

Nicht nur mit ihrer Populärkultur verschafft sich die Türkei in der arabischen Welt Sympathien, zunehmend attraktiv erscheint auch ihr politisches Modell. [...] Der türkische Regierungschef Erdogan und der Staatspräsident Gül sind Muslime, und sie führen schon seit einer Weile vor, dass eine Partei mit Wurzeln im politischen Islam demokratische Wahlen gewinnen kann. Und
5 sie zeigen noch mehr: Erdogans und Güls AKP regiert seit 2002 mit absoluter Mehrheit. Seitdem erlebt das Land einen Wirtschaftsboom. Justiz, Polizei, Armee: Fast in allen Bereichen der Gesellschaft wurden Reformen eingeleitet. Die Türkei ist heute ein anderes Land als vor dem Wendejahr 2002, auch wenn EU-Standards noch längst nicht alle erfüllt sind. [...]
Von dem Pragmatismus der AKP scheinen die ägyptischen Muslimbrüder, die größte organi-
10 sierte politische Kraft Ägyptens, noch weit entfernt zu sein. Die AKP hat akzeptiert, dass die Türkei eine säkulare Republik ist und bleiben soll. Der Slogan der Muslimbrüder lautet dagegen: „Islam ist die Lösung." Einen säkularen Staat, in dem die Religion nicht Maßstab der Politik ist, haben die Führer der Muslimbrüder bislang stets abgelehnt. [...] In der Türkei dagegen ist das islamische Recht schon kurz nach der Staatsgründung 1923 durch europäische Gesetze vollstän-
15 dig abgelöst worden.

Süddeutsche Zeitung, 04.02.2011, S. 9 (Christian Schäfer)

Christoph Möllers: Die Missbrauchsfälle in der katholischen Kirche und der Staat

Christoph Möllers (geb. 1969) ist Professor für Verfassungsrecht und Rechtsphilosophie an der Humboldt-Universität Berlin.

Die katholische Kirche in Deutschland hat die Nähe zum Staat der Bundesrepublik stets gesucht, nicht selten mehr als der Zentrale in Rom lieb sein konnte: sei es bei der „Kooperation" in der Behandlung von Schwangerschaftsabbrüchen, sei es bei der kirchenrechtlich nicht gebotenen Exkommunikation von Kirchensteuerverweigerern. In den immer häufiger auftauchenden Fällen sexueller Verfehlungen gegen Schutzbefohlene scheint es mit dieser Staatsnähe auf einmal vorbei zu sein. Eine Selbstverpflichtung, aufgedeckte Sexualstraftaten der Strafverfolgung zur Anzeige zu bringen, ist die Bischofskonferenz in der letzten Woche ausdrücklich nicht eingegangen. [...]

So kann man der Kirche ein gestörtes Verhältnis zum Wert demokratischer Gesetze leider nicht absprechen; geht es doch um die Verfolgung von Straftaten, also um die Einhaltung eines minimalen Verhaltensstandards unserer demokratischen Gemeinschaft durch die Organe dieser Gemeinschaft. Respekt gegenüber einer Ordnung zeigt sich eben vor allem im Umgang mit Normen, die einem nicht gefallen. Mangel an Respekt zeigt sich in einer Haltung, die peinlich darauf achtet, nicht mehr als das unbedingt Gebotene zu tun. Gäbe es nicht auch für den Katholizismus eine glaubensimmanente Einsicht in den Wert einer demokratischen Ordnung, immerhin der einzigen, in der Religionsgemeinschaften regelmäßig ihren Glauben ungestört ausüben dürfen? Vielleicht sollte man auch in der Amtskirche im dreizehnten Kapitel des Römerbriefes[1] noch einmal nachlesen, was des Kaisers ist und was nicht, zumal, wenn der Kaiser ein demokratisches Volk ist. [...]

Auch in den USA und in Irland wurden zahlreiche sexuelle Übergriffe in erzieherischen Einrichtungen der Kirchen bekannt. Nach monatelangem Schweigen gestanden die Bischöfe und der Papst die Vorkommnisse ein und baten um Vergebung. Die Deutsche Bischofskonferenz richtete Beratungsstellen ein und stellte den Opfern Entschädigungen in Aussicht.

Die erwähnte Nähe der katholischen Kirche zum Staat nun wirkt aus dieser Perspektive eher als Konsequenz einer strategischen Entscheidung denn als das Resultat einer echten Einsicht in den Wert unserer Ordnung und ihrer Regeln. Noch länger als bei den Menschenrechten wird es dauern, bis die katholische Kirche in der Demokratie angekommen ist, wenn überhaupt. [...]

Großzügige Standards für die Zulassung finden sich in der Rechtsprechung des Bundesverfassungsgerichts. Doch bei aller Großzügigkeit stellt das Bundesverfassungsgericht in seiner maßgeblichen Entscheidung aus dem Jahr 2000 trotzdem fest: „Von einer Vereinigung aber, die in öffentlich-rechtlicher Gestalt auftritt, darf erwartet werden, dass sie nicht erst durch Drohung mit staatlichen Sanktionen und Zwangsmechanismen zu rechtskonformem Verhalten angehalten werden kann." Insbesondere die Achtung und der Schutz der Grundrechte anderer ist dem Gericht zufolge den öffentlich-rechtlichen Körperschaften auferlegt. Dieser Pflicht ist die Kirche nicht gerecht geworden. [...]

Von einer Körperschaft des öffentlichen Rechts können wir mit guten Gründen mehr erwarten als lustlosen Rechtsgehorsam. Dies gilt umso mehr, wenn der Staat mit ihr kooperiert und ihr beispielsweise Geld dafür überweist, Kindergärten zu betreiben.

Süddeutsche Zeitung, 06./07.03.2010, S. 14

---

[1] Neues Testament: Brief des Apostels Paulus an die Römer

1 *Welche Vorbehalte äußert der Autor gegenüber dem Umgang der Kirche mit den Missbrauchsfällen?*

2 *Wie sieht der Autor das Verhältnis von Staat und Kirche? Nehmen Sie dazu kritisch Stellung.*

© Schöningh Verlag, Best.-Nr. 25321

Erläuterungen zum Text

Z. 4: **Exkommunikation:** Ausschluss aus der Gemeinschaft der Gläubigen durch Entzug des Zugangs zu den Sakramenten wie z. B. Kommunion, Beichte

Z. 26: **Römerbrief:** Im Kapitel 13 lauten die Verse 1–2: (1) Jeder leiste den Trägern der staatlichen Gewalt den schuldigen Gehorsam. Denn es gibt keine staatliche Gewalt, die nicht von Gott stammt; jede ist von Gott eingesetzt. (2) Wer sich daher der staatlichen Gewalt widersetzt, stellt sich gegen die Ordnung Gottes, und wer sich ihm entgegenstellt, wird dem Gericht verfallen.

Z. 41 f.: **Alimentierung der Kirchen:** Die direkten und indirekten Leistungen, die der Staat der katholischen und evangelischen Kirche gewährt, belaufen sich auf jährlich rund 19 Milliarden Euro. (Dieser Betrag enthält nicht die 9 Milliarden Euro Kirchensteuern.) Davon sind 3,9 Milliarden für christliche Kindergärten und 1,7 Milliarden für den Religionsunterricht. (Carsten Frerk: Violettbuch Kirchenfinanzen (2010))

Einstiegsmöglichkeit

Die Lerngruppe macht Vorschläge zur Beantwortung folgender Frage: Wie sollte man mit Personen, die sich aufgedeckter Sexualstraftaten schuldig gemacht haben (auch wenn keine Anzeige vorliegt), verfahren? Sollte man dies in einer Institution wie Kirche, Polizei oder Schule oder in einer Firma intern, z. B. durch Abmahnung oder Versetzung, regeln oder den Vorgang auf jeden Fall den Strafverfolgungsbehörden übergeben?

Zu den Aufgaben

1/2 Keine Selbstverpflichtung zur Übergabe aufgedeckter Straftaten an die Strafverfolgungsbehörden; daher: gestörtes Verhältnis und Mangel an Respekt zum Wert demokratischer Gesetze; Nähe zum Staat als Resultat einer strategischen Entscheidung, nicht als Resultat einer echten Einsicht; lustloser Rechtsgehorsam. Fazit und Grund für die Kritik: Während die Kirche einerseits die Nähe zum Staat sucht und sich von ihm in großem Umfang alimentieren lässt, offenbart sie andererseits ein „gestörtes Verhältnis zum Wert demokratischer Gesetze".

Zusatztext

Daniel Deckers: Ergebnisse der Auswertung der Berichte über sexuellen Missbrauch

Mehr als 1100 Statistikbögen sind mittlerweile ausgewertet. Schon jetzt scheint es, dass manche Vermutung über sexuelle Gewalt gegen Kinder und Jugendliche der Wirklichkeit nicht standhält. Zu korrigieren ist wohl die verbreitete Annahme, dass Mädchen einem größeren Risiko als Jungen ausgesetzt sind, Opfer sexueller Übergriffe zu werden. [...] Dieses Verhältnis ändert sich
5 zuungunsten der Mädchen nur, wenn der Tatort berücksichtigt wird: Im familiären Umfeld scheinen sich Männer eher an Mädchen als an Jungen zu vergreifen. In kirchlichen Räumen einschließlich des Beichtstuhls waren indes Jungen und Mädchen gleichermaßen gefährdet. Fast doppelt so hoch war das Risiko von Jungen in Internaten, gleich ob in staatlicher oder kirchlicher Trägerschaft. [...]
10 Der typische Täter, wie er in den Berichten der Opfer erscheint, ist nicht der junge Priester, der im Affekt oder aus Frustration handelt, sondern ein angesehener Mann im fortgeschrittenen Alter. Der Leiter der Lebensberatung im Bistum Trier, Andreas Zimmer, zieht daraus den Schluss, dass Prävention sich nicht darin erschöpfen kann, bei der Auswahl der Priesterkandidaten auf krankhafte Dispositionen wie Pädophilie zu achten. „Das Schlüsselthema ist meines
15 Erachtens nicht Sexualität oder Zölibat, sondern Gewalt und Macht", sagt Zimmer.

Heribert Prantl: Mein Gott, die Kirchensteuer – zum „Kirchensteuer-Urteil" des Europäischen Gerichtshofs für Menschenrechte (2011)

Der nebenstehende Text ist ein **Kommentar zu einem Urteil des Europäischen Gerichtshofs für Menschenrechte** in Straßburg vom Februar 2011. Das Gericht hatte darüber zu entscheiden, ob der obligatorische Vermerk über die Religionszugehörigkeit auf der Lohnsteuerkarte das Recht auf Religionsfreiheit verletze. Die Richter argumentierten, dass dies zwar einen Eingriff in das Recht, seine religiösen Überzeugungen nicht preisgeben zu müssen, darstelle, dies jedoch keine unzumutbare Belastung sei, nur einen beschränkten Informationswert habe und in der Regel nicht öffentlich verwendet werde. Zudem sei dies im deutschen Recht vorgesehen.

In diesen Zeiten ist es für die Kirche eine gute Nachricht, wenn es keine schlechte Nachricht gibt. Es ist eine gute Nachricht für die katholische und auch für die evangelische Kirche (im Übrigen auch für die altkatholischen und die jüdischen Gemeinden), dass der Europäische Gerichtshof für Menschenrechte nicht am deutschen Kirchensteuersystem rüttelt. Jeder Staat soll, das ist die Botschaft aus Straßburg, nach seiner Façon mit seinen Kirchen selig werden. Ob der 5 Staat Kirchensteuern zulässt und wie er, wenn er es tut, dabei vorgeht – das sei seine Sache. [...] Man kann sich darüber streiten, ob es gut ist, wenn der Staat als weltlicher Arm der Kirche auftritt und (gegen Entgelt) für die Kirchen die Steuern einzieht. Wohl nicht. Es ist dies ein besonders deutliches Exempel dafür, dass es mit der Trennung von Kirche und Staat nicht weit her ist. Kaum irgendwo auf der Welt sind die Beziehungen zwischen Kirche und Staat so verflochten 10 und verwickelt wie in Deutschland. Ein Handbuch des Staatskirchenrechts, sechs Pfund schwer und zweieinhalbtausend Seiten dick, kann wohl nur hier erscheinen. Man braucht die vielen Seiten, um die Sonderstellung der Kirchen im staatlichen System vollständig zu beschreiben. Mit der bloßen Aufzählung der kirchlichen Mitwirkungsrechte im Staat lassen sich viele Seiten füllen, mit den staatlichen Unterstützungsleistungen an die Kirchen auch; sie beginnen mit A, 15 nämlich mit der Absetzbarkeit der Kirchensteuer. Die Konkordate[1], die solche Privilegien begründen, beißen sich mit den Vorschriften der Weimarer Verfassung, auf die das Grundgesetz verweist. Danach sind die finanziellen Verbindungen von Kirche und Staat zu lösen. Angesichts der sozialen Aufgaben, die sich die Kirchen aufgeladen haben, ist freilich der Vorwurf etwas billig, sie sei von der heiligen Armut auf den heiligen Mammon gekommen. Tatsache ist, dass 20 das soziale Netz ohne kirchliches Engagement sofort reißen würde. Aber das Netz ließe sich auch anders finanzieren als mit dem Kirchensteuersystem.

Womöglich ist dieses System ein Anachronismus. Aber ein Anachronismus ist keine Menschenrechtsverletzung. Auch die Achtung der Religion gehört zu den Menschenrechten. Und wie ein Staat sie achtet, ist seine Angelegenheit. Wenn kirchliche Privilegien in Deutschland fast zwei- 25 hundert Jahre nach dem Reichsdeputationshauptschluss[2] von 1803 noch immer damit begründet werden, dass damals die Kirchen enteignet worden sind, ist das gewiss erstaunlich. Aber Erstaunlichkeiten sind kein Verstoß gegen die Menschenrechtskonvention.

Die Kirchen müssen sich zuallererst selber überlegen, ob sie sich mit dem deutschen Mischsystem einen Gefallen tun: Das Zweite Vatikanische Konzil[3] hat die Kirche aufgefordert, ihre Hoff- 30 nung nicht auf Privilegien zu setzen, die ihr von der staatlichen Autorität angeboten werden. Das gilt immer noch.

Süddeutsche Zeitung, 18.02.2011, S. 4

---

[1] Konkordat: Vertrag zwischen dem Staat und der katholischen Kirche
[2] Reichsdeputationshauptschluss: In diesem wurden u. a. fast alle geistlichen Fürstentümer aufgehoben und die Säkularisierung verschiedener Kirchengüter erlaubt.
[3] Zweites Vatikanisches Konzil: Versammlung (und Beschlussfassung) aller katholischen Bischöfe im Vatikan in Rom 1962–65

---

1 *Beschreiben und erklären Sie die „Sonderstellung" der Kirchen in Deutschland. Diskutieren Sie die Haltung, die der Autor dazu einnimmt.*

2 *Erläutern Sie das Straßburger Urteil und nehmen Sie dazu begründet Stellung.*

Erläuterungen zum Text

Zum Autor: Heribert Prantl, Journalist der „Süddeutschen Zeitung", ist Träger des „Geschwister-Scholl-Preises" (1994) und des „Erich-Fromm-Preises" (2006).

Z. 1: „In diesen Zeiten": Prantl bezieht sich hier auf die Vielzahl der Kirchenaustritte und auf die Missbrauchsskandale.

Z. 5: „nach seiner Façon": Anspielung auf das Diktum von Friedrich dem Großen 1740: „Jeder muss nach seiner eigenen Façon selig werden" (Bezug zur Toleranz den Religionen gegenüber).

Z. 7: Rechtsgrundlage der Kirchensteuer: Art. 140 GG in Übernahme von Art. 137, Abs. 6 der Weimarer Reichsverfassung („Die Religionsgesellschaften, welche Körperschaften des öffentlichen Rechts sind, sind berechtigt, aufgrund der bürgerlichen Steuerlisten nach Maßgabe der landesrechtlichen Bestimmungen Steuern zu erheben.")

Z. 16: Konkordat: Bezeichnung für einen zwischen dem Vatikan und einem Staat abgeschlossenen Staatskirchenvertrag (für den evangelischen Bereich gilt die Bezeichnung „Kirchenvertrag"). Der im Juli 1933 zwischen dem Vatikan und dem (nationalsozialistischen) Deutschen Reich geschlossene Staatskirchenvertrag (auch als „Reichskonkordat" bezeichnet) regelt die Rechte und Pflichten des Staates und der katholischen Kirche in ihrem Verhältnis zueinander und hat bis heute Gültigkeit (vgl. das Konkordatsurteil des Bundesverfassungsgerichts im Jahr 1957). Das Konkordat enthält z. B. eine Bestandsgarantie des katholischen Religionsunterrichts als ordentliches Lehrfach in öffentlichen Schulen und garantiert den Fortbestand von theologischen Fakultäten an Universitäten, das Recht der Kirche zur Erhebung von Kirchensteuern sowie die Bestimmung, dass Staatsleistungen an die Kirche „nur im freundschaftlichen Einvernehmen" abgeschafft werden können. Andererseits beinhaltet der Vertrag z. B. ein Verbot der Mitgliedschaft bzw. Tätigkeit von Geistlichen in politischen Parteien und ein staatliches Vetorecht für neu ernannte Bischöfe. – Die Kritik (so auch Prantl in Zeile 16 f.) an dieser Konkordatsvereinbarung verweist vor allem darauf, dass die Trennung von Kirche und Staat missachtet werde. Vor allem die Bestimmung über die Staatsleistungen an die Kirche widerspreche Art. 138 der Weimarer Verfassung (vom GG in Art. 140 übernommen), in dem es heißt: „Die auf Gesetz, Vertrag oder besonderen Rechtstiteln beruhenden Staatsleistungen an die Religionsgesellschaften werden durch die Landesgesetzgebung abgelöst. Die Grundsätze hierfür stellt das Reich auf."

Einstiegsmöglichkeit

Die Lerngruppe wird mit dem dem Prantl-Text zugrunde liegenden Rechtsfall konfrontiert:
U. a. mit dem Hinweis auf die Aussage in Art. 140 GG (= Art. 136 der Weimarer Verfassung), „Niemand ist verpflichtet, seine religiöse Überzeugung zu offenbaren", klagte ein Rechtsanwalt vor dem Europäischen Gerichtshof in Straßburg, dass der obligatorische Eintrag über die Religionszugehörigkeit auf der Lohnsteuerkarte ein Verstoß gegen das Grundrecht auf Religionsfreiheit sei.
Aufgabe: Nehmen Sie zu dieser Frage Stellung.

Zu den Aufgaben

1 S. die Erläuterungen zum Konkordat.

2 S. die Angaben in der Randspalte. Die Beschwerde des Klägers, mit seiner erzwungenen Angabe unterstütze er indirekt die Kirchen, wies das Gericht mit der Begründung ab, dass sein Beitrag zum Steuererhebungsverfahren geringfügig sei und nur dazu diene, dass er als Bekenntnisloser nicht unrechtmäßig zur Zahlung der Kirchensteuer veranlasst werde.

Literaturtipp:

Carsten Frerk: Violettbuch Kirchenfinanzen. Aschaffenburg (Alibri) 2010

Wolfgang Janisch: Ein Kreuz als Zeichen der Identität – zum „Kruzifix-Urteil" des Europäischen Gerichtshofs für Menschenrechte (2011)

Der **Europäische Gerichtshof für Menschenrechte** in Straßburg korrigierte im März 2011 sein eigenes Urteil aus dem Jahr 2009, in dem er entschieden hatte, dass Kreuze in Klassenzimmern die Menschenrechte anders- oder nichtgläubiger Schüler verletzen würden. Dieses Urteil stieß auf vielfachen, starken Protest, Italiens Regierung ging in die Revision. In dem neuerlichen Urteil erklärte das Gericht nun, dass das Kreuz ein „seinem Wesen nach passives Symbol" sei und somit keine religiöse Indoktrination darstelle. Das Kreuz sei Teil einer Tradition und symbolisiere – unabhängig von seiner religiösen Bedeutung – die Werte und Prinzipien, die die westliche Demokratie und Zivilisation begründen würden. Zwar dürfe der Hinweis auf die Tradition die Beachtung der Menschenrechte nicht verhindern, wie dies jedoch im Einzelfall geregelt werde, bleibe dem Beurteilungsspielraum der einzelnen Staaten und deren Gesetzen und Gerichten überlassen.

Die Kruzifixe in Europas Klassenzimmern müssen nicht abgehängt werden. Im aufgewühlten Weltgeschehen, das um Krieg und Kernkraft kreist[1], nimmt sich die Nachricht fast belanglos aus, und doch: Sie hat tiefe Befriedigung in den christlich geprägten Ländern Europas ausgelöst. Dass ein hohes Gericht gegen die Beseitigung des vertrauten religiösen Symbols entschieden hat, empfinden viele Menschen als tröstlich – zumal in einer Zeit, in der religiöse Gewissheiten dahinschmelzen.

Hat der Europäische Gerichtshof für Menschenrechte (EGMR) also klein beigegeben? Der Druck der teilweise wütenden Angriffe, die sein Urteil von 2009 gegen das italienische Schul-Kruzifix ausgelöst hat, war gewaltig, nicht nur in Italien. Im katholischen Polen schienen die Bischöfe seinerzeit kurz vor einem Kreuzzug zu stehen. [...]

Allerdings ist nicht zu bestreiten: Das Kruzifix in der Schule berührt einen Grundkonflikt, der in vielen Staaten Europas zu finden ist. Es herrscht eine natürliche Spannung zwischen einer ins Staatliche einsichernden religiösen Tradition und einer religiös immer pluraler werdenden Gesellschaft. Ob Österreich oder England, Polen oder Spanien, Italien oder Irland: Viele Staaten kennen nicht die streng laizistische Trennung von Staat und Religion, sondern leben in traditionell geprägten Symbiosen oder Kooperationen. Deutschland ist dafür ein treffendes Beispiel. Das Staatskirchenrecht gewährt den christlichen Kirchen eine Vorzugsbehandlung vom Steuer- bis zum Baurecht. Den deutschen Muslimen lässt man diese Privilegien wie die Wurst vor der Nase baumeln – mit dem scheinheiligen Hinweis, sie brauchten sich bloß eine Kirchenstruktur zu geben. Auf Dauer wird das nicht reichen.

Und doch hat das Schul-Kruzifix mit diesem Konflikt nur am Rande zu tun. Das erkannt zu haben, ist das eigentliche Verdienst des EGMR, die das Urteil zum italienischen Kruzifix nun korrigiert hat. Sicher, es verschafft den christlichen Kirchen eine erhöhte Sichtbarkeit. Solange aber der schulische Alltag von Offenheit für alle Religionen geprägt ist, und die christliche Dominanz nicht in Indoktrination umschlägt, bleibt das Kruzifix – in der geläuterten Sicht des EGMR – ein passives Symbol: Es dränge niemanden zu religiösen Aktivitäten. Beim Schulkruzifix geht es letztlich um die Pflege der Religion als nationales Identitätsmerkmal. Die Entscheidung darüber belässt der EGMR dort, wo sie hingehört: bei den Staaten selbst, inklusive ihrer Gerichte. Sich als Europa-Gericht in solche eher symbolische Fragen einzumischen, wäre anmaßend. Das Menschenrechts-Gericht muss in den harten Religionskonflikten als Schiedsrichter fungieren, vom Burka- bis zum Minarett-Verbot. Dazu wird es noch genügend Gelegenheit geben.

Süddeutsche Zeitung, 21.03.2011, S. 4

---

[1] Zum Zeitpunkt des Urteils (März 2011) hatten ein Erdbeben und ein Tsunami in Japan u. a. ein Atomkraftwerk zerstört; ein UN-Beschluss verhängte über Libyen ein Flugverbot, das mit militärischen Mitteln erzwungen wurde.

1   *Wie hat das Gericht den Fall entschieden?*

2   *Beschreiben Sie den „Grundkonflikt", den „das Kruzifix in der Schule berührt". Nehmen Sie dazu begründet Stellung.*

3   *Informieren Sie sich über das „Kruzifix-Urteil" des Bundesverfassungsgerichts (1995) und die damit in Deutschland gültige Rechtslage.*

Einstiegsmöglichkeit

Die Einstiegsfrage könnte lauten, ob ein Schüler des Kurses daran Anstoß nehmen würde, wenn in seinem Klassensaal ein Kreuz hinge und ob und aus welchem Grund er sich für dessen Entfernung einsetzen würde.

Oder:

Welche Gründe könnte ein Schüler dafür vorbringen, nicht in einem Klassensaal mit einem Kreuz unterrichtet zu werden?

Zu den Aufgaben

1 S. die Darstellung in der Randspalte. Der Kern der Urteilsbegründung besteht darin, dass die Anwesenheit des Kreuzes im Klassensaal keine Indoktrination darstellt (was unzulässig wäre), sondern ein „seinem Wesen nach passives Symbol" ist. Eine davon abweichende Deutung des Kreuzes gibt das Bundesverfassungsgerichtsurteil von 1995 (s. den Zusatztex unten).

2 Es „herrscht eine natürliche Spannung zwischen einer in Staatliche einsichernden religiösen Tradition und einer religiös immer pluraler werdenden Gesellschaft". Dies vor allem in Ländern mit einer starken (meist katholischen) religiösen Tradition und einer fehlenden oder nur halbherzigen Trennung von Staat und Religion/Kirche. S. dazu auch die Aussagen des Bundesverfassungsgerichts (s. den Zusatztext unten).

3 S. den Zusatztext unten. Nach der Rechtsprechung des Bundesverfassungsgerichts kann ein Schüler (bzw. dessen Eltern) in Deutschland „in einer staatlichen Pflichtschule, soweit es sich nicht um eine christliche Bekenntnisschule handelt" auf die Entfernung des Kreuzes bestehen. Bemerkenswert ist die Aussage des Gerichts über die Symbolik des Kreuzes, das nicht „auf ein allgemeines Zeichen abendländischer Kulturtradition reduziert werden" kann. Dies weicht von der Auffassung der Europa-Richter ab. Da der Europäische Gerichtshof die jeweils konkrete Entscheidung jedoch der Hoheit der einzelnen europäischen Mitgliedsländer überlässt, ist das Urteil des Bundesverfassungsgerichts in Deutschland rechtsverbindlich.

Zusatztext

Urteil des Bundesverfassungsgerichts 1995 („Kruzifix-Urteil", Auszüge)

Die Anbringung eines Kreuzes oder Kruzifixes in den Unterrichtsräumen einer staatlichen Pflichtschule, die keine Bekenntnisschule ist, verstößt gegen Art. 4, Abs. 1 GG. [...]
Zwar hat [der Einzelne] in einer Gesellschaft, die unterschiedlichen Glaubensüberzeugungen Raum gibt, kein Recht darauf, von fremden Glaubensbekundungen, kultischen
5 Handlungen und religiösen Symbolen verschont zu bleiben. Davon zu unterscheiden ist aber eine vom Staat geschaffene Lage, in der der Einzelne ohne Ausweichmöglichkeiten dem Einfluss eines bestimmten Glaubens, den Handlungen, in denen dieser sich manifestiert, in denen er sich darstellt, ausgesetzt ist. Insofern entfaltet Art. 4, Abs. 1 GG seine freiheitssichernde Wirkung gerade in Lebensbereichen, die nicht der gesellschaftlichen Selbst-
10 organisation überlassen, sondern vom Staat in Vorsorge genommen worden sind. [...]
Das Kreuz ist Symbol einer bestimmten religiösen Überzeugung und nicht etwa nur Ausdruck der vom Christentum mitgeprägten abendländischen Kultur. [...]
Die Anbringung von Kreuzen in Klassenzimmern überschreitet die Grenze religiös-weltanschaulicher Ausrichtung der Schule. Wie bereits festgestellt, kann das Kreuz nicht seines
15 spezifischen Bezugs auf die Glaubensinhalte des Christentums entkleidet und auf ein allgemeines Zeichen abendländischer Kulturtradition reduziert werden.
Urteil vom 16.05.1995, Az: 1 BvR 1087/91

Thomas Assheuer: Aufklärung und Religionskritik

Thomas Assheuer, Journalist der Wochenzeitung „Die Zeit", nimmt in dem nebenstehenden Text Stellung zu der Frage, ob sich die aktuelle Religionskritik, besonders dem Islam gegenüber, auf die Aufklärung berufen kann.

Wer heute die aufgeheizte Debatte um einen radikalisierten Islam beobachtet, der fühlt sich unwillkürlich an den Streit erinnert, den die Aufklärer im 17. und 18. Jahrhundert um die Wahrheit der Religion ausgetragen haben. Dieser Streit war ein großes intellektuelles Drama, und die Parallelen zu den aktuell brennenden Fragen sind verblüffend. Was tun gegen Fanatiker? Welche Rechte hat die Religion, und wo beginnt das Recht, von ihr verschont zu werden? Gibt es auch einen Fundamentalismus der Vernunft?

Keineswegs waren die Aufklärer [...] militante Gegner der Religion, nicht alle dachten so wie d'Holbach. Sie waren keine Säkularisten, die die „Geisteskrankheit des Fanatismus" (Voltaire) kurzerhand durch die Abschaffung der Religion heilen wollten. Intellektuelle wie Pierre Bayle, Jean-Jacques Rousseau, Voltaire und Lessing besaßen sogar ein ausgeprägtes Gespür dafür, dass auch die religionskritische Aufklärung von einem Fundamentalismus bedroht wird. Nicht von einem Fundamentalismus der Tat, der Andersgläubigen das Messer ins Herz bohrt. Sondern von einem Fundamentalismus des Geistes, der denselben Fehler macht wie die verhassten „Pfaffen"[1]: Seine Toleranz duldet nur das, was er selbst als tolerierbar definiert hat. Damit kein Irrtum entsteht: Die von Verfolgung bedrohten Aufklärer fürchteten den „blutdürstigen Sklaven des Aberglaubens" wie die Pest. Ihnen schauderte vor dem Fanatiker, der „davon überzeugt ist in den Himmel zu kommen, wenn er einem den Hals abschneidet". Und trotzdem, so Voltaire weiter, dürfe man die „Tollwut der Intoleranz" nicht mit der „Narretei des Atheismus" austreiben. Kein Bürger dürfe gezwungen werden, über metaphysische Fragen „auf gleiche Art" zu denken wie alle anderen. Ganz ähnlich auch Rousseau: „Die geistige Welt ist voller unbegreiflicher Wahrheiten"; die Vernunft könne sie „nicht berühren, sondern nur wahrnehmen".

Den scharfsinnigen Blick im Streit um Glauben und Vernunft aber hatte der Philosoph Pierre Bayle (1647–1706), ein früher Held der Aufklärung. Obwohl er selbst der klerikalen Gedankenpolizei zum Opfer fiel, weil er standhaft den Atheismus verteidigte, witterte er bei seinen Mitstreitern neue Denkverbote – den Hochmut einer Aufklärung, die über ihre Endlichkeit nicht aufgeklärt ist. Die reine Vernunft sei ein „ätzendes Pulver" und voller „Gebrechen", sie werde niemals alle Fragen des Menschen beantworten können. Ja, die Religionen müssen entgiftet werden, aber die Aufklärer dürfen ihre eigene Wahrheit nicht an deren Stelle setzen. Mag auch der Glaube im Jenseits der Vernunft spekulieren, so sei er damit noch lange nicht „widervernünftig". Aus solchen Einsichten schmiedete Lessing später sein dramatisches Experiment der Brüderlichkeit, die berühmte Ringparabel im *Nathan* aus dem Jahre 1779.

Die Kämpfe, die die Aufklärer um das Verhältnis von Religion und Vernunft austrugen, setzten einen Lernprozess in Gang, der dann in den Verfassungsrevolutionen seinen Niederschlag fand, in der ingeniösen[2] Formel: Säkularer Staat, aber Freiheit der Religion. Als Erster gewährte der Artikel 16 der Bill of Rights of Virginia aus dem Jahre 1776 allen Religionen die gleiche Freiheit, und zwar nicht mit herablassendem Wohlwollen, als bloße Toleranz, sondern als politisches Grundrecht in einer Gesellschaft gleichberechtigter Bürger.

Von der Pointe dieser Rechtsidee zehren die Verfassungen noch heute. Denn das Recht, das die Religionsfreiheit gewährt, ist dasselbe Recht, das die Ausübung der Religion auch begrenzt. Die Staatsbürger dürfen glauben, was sie wollen, aber sie müssen im Gegenzug die Verfassung respektieren, die ihnen diese Glaubensfreiheit einräumt. Sie dürfen weder Gewalt noch Gewissenszwang ausüben und müssen den Meinungs- und Glaubenspluralismus anerkennen. Die Verfassung, und darauf kommt es an, ist kein Glaubensartikel, der den Frommen als „Religion" gegenübertritt. Sie ist das säkulare Fundament religiöser Freiheit und besteht „mit Recht" auf der Loyalität aller Bürger.

Es ist nicht klar, ob die heutigen Islamkritiker, die tagtäglich die träge Masse feiger „Kapitulanten" vor dem islamischen Feind warnen, an der Errungenschaft der Aufklärung, an der Religionsfreiheit festhalten oder diese auf der Abraumhalde liberaler Irrtümer entsorgen wollen. Wer Muslimen nur so viel Toleranz gewähren will, wie sie Juden und Christen in islamischen Ländern gewährt wird, der bestreitet das gleiche Recht auf Religionsausübung und nährt – *tit for tat* – den Geist der Revanche. [...]

Thiry d'Holbach (1723–1789), franz. Philosoph, vertrat einen kämpferischen atheistischen Materialismus.
Voltaire (1694–1778), franz. Philosoph, scharfer Kritiker des Klerus und des religiösen Fanatismus, setzte sich für Religionsfreiheit ein, Vertreter des Deismus
Pierre Bayle (1647–1706), franz. Philosoph, forderte unbedingte Toleranz und trat für die Trennung von Staat und Kirche ein.
Jean-Jacques Rousseau (1712–1778), franz. Philosoph, trat für die gegenseitige Toleranz der Religionen ein.
Gotthold Ephraim Lessing (1729–1781), deutscher Dichter, verfasste sein Werk „Nathan der Weise" (1779) als Antwort auf das Verbot seiner religiösen Streitschriften.

Eine Religion, die der Vernunft unbedenklich den Krieg ankündigt, wird es auf Dauer gegen sie nicht aushalten.
Immanuel Kant (1724–1804)

---

[1] Pfaffen: abschätzig für Priester
[2] ingeniös (lat.): geistreich, scharfsichtig, kunstvoll erdacht

Bei aller begründeten Furcht vor islamistischem Terror wird indes niemand behaupten können, in Europa sei die Freiheit ernsthaft in Gefahr. Die Durchsetzung der Verfassungsnormen ist – mit einem Wort von Jürgen Habermas[3] – eine so „unbestrittene Prämisse des Zusammenlebens, dass der hysterische Aufruf zur Verteidigung unserer ‚Werte' als semantische Aufrüstung[4] gegen einen unbestimmten inneren Feind erscheint. Die Bestrafung von Gewalt und die Bekämpfung von Hass verlangt ruhiges Selbstbewusstsein, aber keine Scharfmacherei."

Der Scharfmacher wittert überall den Feind und macht zwischen Islam und Islamismus keinen Unterschied. Jedes Attentat bestätigt ihm die Niedertracht der Religion und die Großartigkeit seiner eigenen säkularen Vernunft. So findet die Spirale der Verfeindung kein Ende, und das bedeutet Krieg bis zum Jüngsten Tag. Das ist nicht Aufklärung, das ist ihr Ende.

DIE ZEIT, 4.2.2010, S. 46

---

[3] Jürgen Habermas (geb. 1929): deutscher Philosoph, Vertreter der Diskursethik
[4] semantische Aufrüstung: hier: über die eigentliche Bedeutung des Begriffs „Wert" hinausgehend

Atheisten, die Gewalt in ihren Händen hätten, wären für das menschliche Geschlecht ebenso verderblich wie Abergläubige. Zwischen diesen beiden Ungeheuern bietet uns die Vernunft ihre Arme an.

Voltaire

1 Was verstanden die im Text genannten Philosophen unter Religionskritik? Wie lautete ihr Verständnis von Toleranz?

2 Beschreiben Sie das Verhältnis von säkularem (Verfassungs-)Staat und Religion. Was versteht man in diesem Zusammenhang unter aktiver und passiver Religionsfreiheit?

3 Welche Reaktion auf religiös-intolerantes Verhalten hält der Autor für angemessen, welche nicht? Erörtern Sie seine Ansicht.

4 Lesen Sie den Text von Lessings Ringparabel und übertragen Sie den Inhalt der Parabel auf die drei infrage kommenden Religionen. Nehmen Sie Stellung zum Rat des Richters.

Einstiegsmöglichkeit

Die Lerngruppe formuliert (ggf. schriftlich) eine Definition des Begriffs „Fundamentalismus". Wenn man sich auf eine Definition (s. dazu auch das Kurzlexikon, S. 9) geeinigt hat, könnte man die Frage stellen, was man unter „Fundamentalismus der Vernunft" verstehen könnte und worin sich dieser ggf. äußert.

Oder:

Präsentation des Textes von Henryk M. Broder (Zusatztext 2) unter der Fragestellung, ob seine Ansicht, dass „wer heute die Werte der Aufklärung verteidigen will, intolerant sein" müsse, dem Anliegen der Aufklärung gerecht wird und angemessen ist.

Zu den Aufgaben

1 Die Philosophen der Aufklärung waren in der Regel Deisten, d.h., sie lehnten nicht die Religion als solche ab, sondern das Gebaren und den Anspruch ihrer Funktionäre bzw. der Institution und wandten sich gegen religiöse Fanatiker und Fundamentalisten. Manch religionskritische Auffassungen sahen sie jedoch in der Gefahr, selbst fundamentalistisch zu sein („Fundamentalismus des Geistes", Z. 13), und warnten davor, ihre eigene Wahrheit nicht an die Stelle religiös-fundamentalistischer Überzeugungen zu setzen und als Toleranz nur das zu verstehen, was sie selbst als „tolerierbar definiert" hatten (Z. 14). Man dürfe die „Tollwut" religiöser Intoleranz nicht mit der „Narretei des Atheismus" austreiben (Voltaire, Z. 18). Als Beispiel für zweifelhafte religionskritische Positionen in jüngster Zeit könnte der Text von Henryk M. Broder (Zusatztext 2) herangezogen werden.

2 S. dazu die Ausführungen im Kurzlexikon (S. 9). „Die Staatsbürger dürfen glauben, was sie wollen, aber sie müssen im Gegenzug die Verfassung respektieren, die ihnen diese Glaubensfreiheit einräumt" (Z. 40 f.). Verfassung als das „säkulare Fundament religiöser Freiheit", die andererseits auf der Loyalität der Bürger gegenüber eben dieser Verfassung besteht.
Zu aktiver und passiver Religionsfreiheit s. das Kurzlexikon (S. 9).

3 ruhiges Selbstbewusstsein, keine Scharfmacherei (Z. 56 f.), kein hysterischer Aufruf zur Verteidigung unserer „Werte" (Z. 55), aber Bestrafung von Gewalt und die Bekämpfung von Hass (Z. 5)

4 Möglicherweise ist der Lerngruppe Lessings Stück aus dem Deutschunterricht bekannt. Wenn nicht, eigene Recherche der Lerngruppe oder Präsentation des Zusatztextes 1.

Zusatztext 1

Lessings Ringparabel

In Gotthold Ephraim Lessings Stück **„Nathan der Weise"** (1779) antwortet der Jude Nathan auf die Frage des Sultans Saladin nach der wahren Religion mit der **„Ringparabel"** (3. Akt, 7. Szene).
Darin erzählt er von dem Vater dreier Söhne, der einen überaus kostbaren Ring besaß, der seinem Träger die Kraft verlieh, sich „vor Gott und den Menschen angenehm" zu machen. Da er seine drei Söhne gleichermaßen liebte, ließ er kurz vor seinem Tod zwei Kopien anfertigen, die von dem echten Ring nicht zu unterscheiden waren. Diese Ringe hinterließ er seinen Söhnen. Die Frage, wer denn nun den echten Ring besaß, gelangte vor einen Richter, der folgenden Rat gab:

„Mein Rat ist aber der: Ihr nehmt die Sache völlig, wie sie liegt. Hat von euch jeder seinen Ring von seinem Vater: So glaube jeder sicher seinen Ring den echten. – Möglich; dass der Vater nun die Tyrannei des *einen* Rings nicht länger in seinem Haus dulden wollen! – Und gewiss; dass er euch alle drei geliebt, und gleich geliebt: indem er zwei nicht drücken mögen, um einen zu be-
5 günstigen. Wohlan! Es strebe von euch jeder um die Wette, die Kraft des Steins in seinem Ring an den Tag zu legen! Komme dieser Kraft mit Sanftmut, mit herzlicher Verträglichkeit, mit Wohlmut, mit innigster Ergebenheit in Gott zu Hilf'! Und wenn sich dann der Steine Kräfte bei euren Kindes-Kindeskindern äußern: So lad' ich über tausend Jahre sie wiederum vor diesen Stuhl. Da wird ein weiser Mann auf diesem Stuhl sitzen als ich; und sprechen. Geht!" – So sagte
10 der bescheidne Richter.

Zusatztext 2

Henryk M. Broder: „Wer heute die Werte der Aufklärung verteidigen will, muss intolerant sein"

Der Journalist **Henryk M. Broder** (geb. 1948) erhielt 2007 den Ludwig-Börne-Preis für Publizistik. Der Text ist ein Auszug aus seiner Dankesrede.

[D]er gesunde Menschenverstand [wurde] außer Kraft gesetzt und durch drei Untugenden ersetzt [...]: Äquidistanz[1], Relativismus und Toleranz.
Ja, Sie haben sich nicht verhört: Ich sagte: Toleranz. Toleranz war das Gebot der Zeit, als Lessing seinen Nathan[2] in eine Welt setzte, die vertikal organisiert war. Die einen waren oben und die
5 anderen waren unten, und dazwischen war wenig. Aber in horizontal organisierten Gesellschaften, in denen es kein Oben und kein Unten, sondern ein breites Spektrum an homogenisierten Angeboten gibt, unter denen man wählen kann, in horizontal organisierten Gesellschaften kommt das Toleranzgebot nicht den Schwachen, sondern den Rücksichtslosen zugute. Sie sind es, die mit der Toleranzkeule um sich schlagen und Rechte einfordern, die sie anderen
10 verweigern.
Wir werden täglich aufgerufen, für alle möglichen Fundamentalismen und Fanatismen Verständnis zu haben und Toleranz zu praktizieren, Vorleistungen zu erbringen, ohne Gegenleistungen zu erwarten. Toleranz steht auf dem Paravent[3], hinter dem sich Bequemlichkeit, Faulheit und Feigheit verstecken. Toleranz ist die preiswerte Alternative zum aufrechten Gang, der zwar
15 gepredigt, aber nicht praktiziert wird.
Wer heute die Werte der Aufklärung verteidigen will, der muss intolerant sein, der muss Grenzen ziehen und darauf bestehen, dass sie nicht überschritten werden. Der darf „Ehrenmorde" und andere Kleinigkeiten nicht mit dem „kulturellen Hintergrund" der Täter verklären und den Tugendterror religiöser Fanatiker, die Sechzehnjährige wegen unkeuschen Lebenswandels
20 hängen, nicht zur Privatangelegenheit einer anderen Rechtskultur degradieren, die man respektieren müsse, weil es inzwischen als unfein gilt, die Tatsache auszusprechen, dass nicht alle Kulturen gleich und gleichwertig sind.
Wer sich zur selektiven Intoleranz bekennt, der wird auch darauf achten, nicht in die Falle der Äquidistanz und des Relativismus zu tappen. Inzwischen kann man auf jeder Tupperware-Party
25 Punkte sammeln, wenn man nur erklärt, George Bush und Osama bin Laden seien aus demselben Holz geschnitzt, die Zahl der Menschen, die bei Terroranschlägen ums Leben kommen, sei viel kleiner als die Zahl der Verkehrstoten, und die christlichen Kreuzfahrer hätten viel mehr Blut vergossen als die islamischen Terroristen heute. So kann man sich aus der Wirklichkeit schleichen, aber man entkommt ihr nicht.

SPIEGEL ONLINE, www.spiegel.de/kultur/gesellschaft/0,1518,490497-3,00.html

---

[1] Äquidistanz: gleich großer Abstand
[2] „Nathan der Weise": Werk von Gotthold Ephraim Lessing (1779)
[3] Paravent (frz.): Schutzschirm

Patrick Illinger: Evolution und Religion

Kaum eine wissenschaftliche Erkenntnis ist in den 150 Jahren nach ihrer Veröffentlichung derart von Missverständnissen und auch böswilligen Verfremdungen begleitet worden wie die Evolutionslehre Darwins. Viel Falsches ist darüber zu hören, zum Beispiel dass der Stärkere im Selektionskampf obsiege. Auch hat Darwin, anders als der Titel seines im November 1859 erschienenen Hauptwerks „Über die Entstehung der Arten" nahelegt, nicht den Ursprung des 5 Lebens erklärt. Doch das größte aller Missverständnisse rund um Charles Darwin betrifft das Verhältnis seiner Erkenntnisse zur Religion.

Anders als oft behauptet wird, ist die Evolutionslehre nicht geeignet, einen fundierten Schöpfungsglauben zu widerlegen. Zweifellos stehen Darwins Erkenntnisse in krassem Widerspruch zu einem naiven Gottesbild, in dem der Schöpfer wie eine Art Handwerker pausenlos an jeder 10 Weggabelung der biologischen Artenbildung Hand anlegt. Die Vorstellung eines über Milliarden Jahre hinweg vor sich hin bastelnden Schöpfers ist aber auch unvereinbar mit einem modernen aufgeklärten Theismus. [...]

Die Evolution der Lebewesen auf dem Planeten Erde ähnelt einem gewaltigen Feuerwerk. Charles Darwin hat dabei erkannt, nach welchen Mechanismen dabei die Funken fliegen. Ob die 15 ganze Sache am Anfang von einem Schöpfer entzündet wurde oder lediglich eine Folge universaler Naturgesetze ist, ist eine andere, dem menschlichen Erkenntnisdrang grundsätzlich nicht zugängliche Frage.

Mit Skepsis ist daher Extremisten beider Fraktionen zu begegnen. Den Darwinisten, wenn sie so wie der Brite Richard Dawkins[1] meinen, aufgrund naturwissenschaftlicher Erkenntnisse die 20 Existenz Gottes widerlegen zu können. Und den Kreationisten[2], weil sie krampfhaft versuchen, Gott in ein Korsett zu zwängen, das für einen allmächtigen Schöpfer zu klein ist. Gott steht als Verborgener jenseits unserer Fassungskraft, erkannte schon im 15. Jahrhundert der Philosoph und Theologe Nicolaus Cusanus[3]. [...]

Eine Hinterlassenschaft Darwins wird bleiben. Er hat alle Lebewesen auf dem Planeten Erde zu 25 einer biologischen Gemeinschaft verschmolzen. Eine Erkenntnis, die heute auch von der erst nach Darwin entwickelten Genetik klar bestätigt wird. Mit der Evolutionslehre ist der Mensch von der „Krone der Schöpfung" zur Spezies geworden. Dies ist für viele Exemplare des Homo sapiens eine nicht zu überwindende Kränkung. Warum eigentlich? [...]

Statt die eigenen anthropozentrischen Reflexe mit pseudowissenschaftlichen Argumenten gegen 30 die Evolutionslehre zu befriedigen, sollten wir Menschen lieber versuchen, die aus der Vernunft geborenen Erkenntnisse Darwins zum eigenen Vorteil zu nutzen. Das Wissen um die Dynamik im Überlebenskampf der Arten sollte uns helfen, die Spezies Mensch mit dem Lebensraum Erde in Einklang zu bringen.

Süddeutsche Zeitung, 31.01./01.02.2009, S. 22

---

[1] Richard Dawkins (geb. 1941): englischer Evolutionsbiologe („Das egoistische Gen", 1976), Atheist und Religionskritiker („Der Gotteswahn", 2006)
[2] Kreationisten (lat. creatio = Schöpfung): Anhänger der Wahrheit des biblischen Schöpfungsberichts
[3] Nicolaus Cusanus (1401–1464): war der Ansicht, dass das Wesen Gottes nur durch eine die Verstandesbegriffe übersteigende „gelehrte Unwissenheit" erfahren werden könne.

1 *Aus welchen Gründen bezeichnet der Autor das Verhältnis der Erkenntnisse der Evolutionslehre zur Religion als „Missverständnis"?*

2 *Welchen Positionen ist dem Text zufolge „mit Skepsis" zu begegnen? Erläutern und diskutieren Sie diese Positionen.*

3 *Für welche Haltung plädiert der Autor? Nehmen Sie dazu anhand von Beispielen kritisch Stellung.*

Einstiegsmöglichkeit

Dem Kurs wird folgende Information gegeben: Anhänger der biblischen Schöpfungslehre („Kreationisten") verlangen, dass im Biologieunterricht (und in den entsprechenden Schulbüchern) der biblische Schöpfungsbericht gleichrangig mit der Evolutionslehre dargestellt und behandelt wird. Dieses Ansinnen teilte im Jahr 2007 auch die hessische Kultusministerin (ehemalige Lehrerin für evangelische Religion), worauf sie nach heftigen Protesten zurücktrat.

Die Lerngruppe soll dazu begründet Stellung nehmen.

(Der Text könnte mit dem nachfolgenden Text des Rates der Evangelischen Kirche in Deutschland (EKD) auf S. 36 verknüpft werden.)

Zu den Aufgaben

1 Die Evolutionslehre ist nicht geeignet, einen fundierten Schöpfungsglauben zu widerlegen, wohl aber ein naives Gottesbild (Z. 10), das aber auch von einem modernen, aufgeklärten Theismus nicht geteilt wird (Z. 12 f.). Die Frage, ob das Leben von einem Schöpfer entzündet wurde oder eine Folge universaler Naturgesetze ist, ist eine dem menschlichen Erkenntnisdrang grundsätzlich nicht zugängliche Frage (Z. 17 f.). Es sollte keine „Kränkung" darstellen und kein Problem sein, den Menschen statt der „Krone der Schöpfung" als eine „Spezies" unter anderen zu sehen.

2 Extremistische Positionen beider Fraktionen (Z. 19 bis 24). Hilfreich und klärend für die Diskussion könnte die Kenntnis der u. g. Hintergrundinformation sein. S. dazu auch den Text der EKD (S. 36).

3 Ablegung „anthropozentrischer Reflexe" und „pseudowissenschaftlicher Argumente gegen die Evolutionslehre" (Z. 30). Stattdessen: die Erkenntnisse Darwins nutzen, um „die Spezies Mensch mit dem Lebensraum Erde in Einklang zu bringen" (Z. 33 f.).

Hintergrundinformation

Darwin und der Kreationismus

Als Darwins „Entstehung der Arten" 1859 erscheint, ist es eine Sensation. Vielen Kollegen öffnet Darwin die Augen. Andere verreißen das Werk, auch viele Theologen. Besonders die Ausdehnung der Theorie auf den Menschen schockiert die Zeitgenossen; plötzlich haben sie Verwandte bei den Affen. [...]

In den USA aber formt sich die Bewegung des Kreationismus, die den puristischen Schöpfungsglauben bewahren will. Sie stempelt Darwins Lehre zum Darwinismus und setzt ihn mit Atheismus gleich. Es sind die Kirchenleute, die die Evolutionstheorie als unvereinbar mit Gottesglauben darstellen, nicht Wissenschaftler. Bis heute hat diese fundamentale Opposition gegen Darwin tiefe Wurzeln in der amerikanischen Bevölkerung. [...]

Dazu hat sicherlich beigetragen, dass einige der Nachfolger Darwins der Evolutionslehre martialische Untertöne gaben. Er selbst macht sich 1869 den vom Philosophen Herbert Spencer geprägten Begriff vom „Überleben der Stärksten" (eigentlich: „survival of the fittest") zu eigen. Darauf stützen sich die sogenannten Sozialdarwinisten, um eine Ellbogengesellschaft ohne Mitgefühl für die Schwächsten zu propagieren. Für Menschen, die den Glauben als Auftrag zur Nächstenliebe verstehen, verstärkte das die Abneigung gegen Darwins Lehre. [...]

150 Jahre nach der Veröffentlichung von Darwins Buch gibt es viele Interpretationen der Theorie; die Denkschulen attackieren einander zum Teil heftig. Einige sehen in der Natur vor allem Konkurrenz am Werk, andere heben Kooperation hervor. [...] Doch an Darwins Grundprinzipien äußert kein Forscher Zweifel: Die Veränderung der Arten und das Wirken der natürlichen Auslese haben sie überall nachgewiesen. Kaum ein anderes wissenschaftliches Gedankengebäude ist derart umfassend durch Beobachtungen und Experimente abgesichert.

Süddeutsche Zeitung, 31.01./01.02.2009, S. 22 (Christopher Schrader)

„Gerade aus theologischen Gründen ist der Kreationismus abzulehnen" – Aus einer Schrift des Rates der Evangelischen Kirche in Deutschland (EKD), 2008

„Kreationismus" ist eine Sammelbezeichnung für – von Minderheiten im Christentum vertretene – Auffassungen, die sich vehement gegen die Annahmen der Evolutionstheorie wenden. Ausgehend von der wörtlichen Inspiriertheit der biblischen Texte, verteidigt der Kreationismus die Irrtumslosigkeit der biblischen Schöpfungstexte. [...] Es gebe Phänomene, die sich nur auf übernatürliche Weise erklären ließen. Die Gesetzmäßigkeiten und Funktionszusammenhänge des Universums könnten nur durch eine Intelligenz als Ursache erklärt werden und nicht durch einen vom Zufall geleiteten Evolutionsprozess. Hinter dieser Theorie lebt in gewisser Weise der sogenannte teleologische Gottesbeweis wieder auf, nach welchem die kunstvolle Anlage der Natur nach einem zwecksetzenden, zielgerichtet gestaltenden göttlichen Architekten verlangt. [...]

Wie jede ernstzunehmende wissenschaftliche Hypothese muss natürlich auch die Evolutionstheorie der Kritik zugänglich bleiben. Viele ihrer Annahmen sind auch nach den Maßstäben der Biologie weniger gesichert, als es in populärwissenschaftlichen Darstellungen zum Ausdruck kommt. Die Evolutionstheorie ist freilich nicht dadurch widerlegt, dass man ihre offenen Stellen aufzeigt. Es gibt starke Argumente, die für sie sprechen. Als wissenschaftlicher Erklärungsversuch zur Entstehung des Lebens, der Arten und der Artenvielfalt besitzt sie die höchste Wahrscheinlichkeit und Erschließungskapazität. Angesichts des heutigen Wissens über die Geschichte der Natur erzeugt das Festhalten an der naturkundlichen Vorstellungswelt der biblischen Schöpfungsberichte mehr Ungereimtheiten als die Annahme, dass die uns bekannte Natur Ausdruck eines sich über Milliarden Jahre hinziehenden Entwicklungsprozesses ist. Ein solches Festhalten wird auch der Bibel selbst nicht gerecht.

Darüber hinaus muss gesagt werden: Gerade aus theologischen Gründen ist der Kreationismus abzulehnen. Er setzt sich über die bibelwissenschaftlichen und systematisch-theologischen Einsichten in Entstehung, Ausformung und Bedeutung des biblischen Schöpfungszeugnisses hinweg und missachtet die geschichtlichen Kontexte seiner Entstehung. Damit bringt er sich um die Möglichkeit einer angemessenen Erschließung des biblischen Schöpfungszeugnisses. Und er ignoriert die Unterscheidung der Erkenntnisebene. Der entscheidende Denkfehler besteht darin, mit Hilfe naturwissenschaftlicher Methoden das Eingreifen Gottes in die Evolution von Kosmos und Biosphäre beweisbar und insofern darstellbar machen zu wollen. Auf diese Weise gerät Gott in die zweifelhafte Rolle eines Lückenbüßers. Wenn man die Lücken im Bereich der Evolution aufspürt, um an ihnen das direkte Eingreifen Gottes zu belegen, wird dem Gottesverständnis ein schlechter Dienst erwiesen. Denn man schiebt Gott gedanklich mit jeder durch neue Erkenntnis geschlossenen Lücke unweigerlich aus der Welt hinaus, in die man ihn doch gerade hineinholen wollte.

Diesem Missverständnis und Missbrauch des christlichen Schöpfungsglaubens entspricht spiegelbildlich der Irrweg, der aus den Einsichten der modernen Naturwissenschaften zwingend eine Leugnung Gottes und die Verpflichtung auf einen kämpferischen Atheismus meint ableiten zu können.

„Weltentstehung, Evolutionstheorie und Schöpfungsglaube in der Schule", hg. vom Kirchenamt der Evangelischen Kirche in Deutschland (EKD-Text 94), Hannover 2008, S. 14 ff.

1 *Beschreiben Sie Kennzeichen und Argumentationsweise des „Kreationismus".*

2 *Aus welchen Gründen lehnt die Evangelische Kirche den „Kreationismus" ab?*

3 *Diskutieren Sie, worin eine „angemessene Erschließung des biblischen Schöpfungszeugnisses" bestehen könnte.*

Erläuterungen zum Text

Anlass für die Entstehung des Textes: Richard Dawkins' (2006 erschienenes) Buch „Der Gotteswahn" (darauf zielt der letzte Abschnitt ab); der (nach heftigen öffentlichen Protesten erfolgte) Rücktritt der hessischen Kultusministerin (eine ehemalige evangelische Religionslehrerin), die die biblische Schöpfungslehre im Biologieunterricht neben der Evolutionslehre behandelt wissen wollte (2007)

Zu **Dawkins** heißt es in der EKD-Schrift: „Der heute von Richard Dawkins und anderen Autoren propagierte ‚neue Atheismus' [...] setzt methodisch den eigenen Ansatz auf fundamentalistische Weise absolut. Seine Verfechter leugnen die Existenz Gottes auf der Basis naturwissenschaftlicher Argumente und schrecken darüber hinaus vor der Verunglimpfung von Glaubensinhalten nicht zurück" (EKD-Schrift, S. 16).

Biblischer Schöpfungsbericht: Es handelt sich um zwei (verschiedene!) Schöpfungsmythen, die sich im Alten Testament, Buch Genesis, Kapitel 1 bis 2,4 a und 2,4 b bis 3,24, finden (Abdruck und Kommentar auch in „Standpunkte der Ethik, 2011"). Im Vorwort zu den Schöpfungsgeschichten heißt es in der Einheitsübersetzung der Bibel (1980): „Die Erzählungen der Urgeschichte sind weder als naturwissenschaftliche Aussagen noch als Geschichtsdarstellung, sondern als Glaubensaussagen über das Wesen der Welt und des Menschen und über deren Beziehung zu Gott zu verstehen."

Einstiegsmöglichkeit

Die Schöpfungsberichte der Bibel werden einer Zusammenfassung der Evolutionstheorie aus dem aktuellen Biologiebuch der Schüler mit der Frage nach dem „Wahrheitsgehalt" gegenübergestellt.

Oder:

Dem Kurs wird die Frage vorgelegt, ob im Biologieunterricht (und auch in den Biologiebüchern) die biblischen Schöpfungsberichte abgehandelt werden sollten.

Oder:

Filmdokumentationen des SWR „Adam, Eva und die Evolution – Kreationismus auf dem Vormarsch" (www.planet-schule.de/sf/10_fil00.php?film=8152 (11.05.2011)).

Verknüpfungsmöglichkeit: Patrick Illinger: „Evolution und Religion", S. 34.

Zu den Aufgaben

1 „Kreationismus" (von lat. creatio = Schöpfung): beharrt auf der „Irrtumslosigkeit der biblischen Schöpfungslehre", da diese Texte von Gott gegeben („inspiriert") sind; nimmt an, dass Gesetzmäßigkeiten und Funktionszusammenhänge des Universums zwingend auf einen gestaltenden Architekten schließen lassen („intelligent design")

2 Der „Kreationismus" ignoriert: „bibelwissenschaftliche und systematisch-theologische Einsichten in Entstehung, Ausformung und Bedeutung" der biblischen Schöpfungsberichte; die „Unterscheidung der Erkenntnisebenen". Der „entscheidende Denkfehler": mithilfe naturwissenschaftlicher Methoden Gottes Wirken „beweisbar und insofern darstellbar" machen zu wollen (Gott als „Lückenbüßer"). „Das eigentliche Interesse der biblischen Schöpfungstexte ist kein kosmologisches oder gar metaphysisches" (EKD-Schrift, S. 10).

3 Die Autoren der EKD-Schrift beklagen, dass „die Entwicklungen der wissenschaftlichen Theologie, die Leistungen der historisch-kritischen Exegese biblischer Texte und die ethische Kraft des Christentums in keiner Weise zur Kenntnis genommen" würden. Ein „aufgeklärter Gottesglaube" brauche sich aber vor dem „naturwissenschaftlichen Wissensstand nicht zu fürchten". Er „suche im Gegenteil einen Dialog mit den Wissenschaften, in dem grundlegende Fragen ohne verbissenen Fundamentalismus behandelt werden" (EKD-Schrift, S. 16 f.).

Herbert Schnädelbach: Was ist Atheismus?

Der Philosoph **Herbert Schnädelbach** (geb. 1936) lehrte u. a. an der Humboldt-Universität Berlin.

Wer Gott definiert, ist schon Atheist.
Oswald Spengler (1880 – 1936), deutscher Kulturphilosoph

Bei näherem Hinsehen erweist sich „Atheismus" als ein ziemlich undeutlicher Sammelbegriff, und darum fällt es schwer, ihn durch eine einfache Definition zu fassen. Manchmal trifft man noch auf die Vorstellung, die Atheisten seien Gegner Gottes, also Anti-Theisten, aber das sei ein Widerspruch, denn um gegen etwas sein zu können, müsse man voraussetzen, dass es existiere. [...] Darum lässt man es besser dabei, dass die Atheisten gemäß der Vorsilbe „a-" die Leute ohne Gott sind, die Gottlosen. Dann fällt auf, dass die Opposition „Theismus – Atheismus" offenbar unvollständig ist, denn üblicherweise ist der Ausdruck „Theismus" für den Monotheismus im Sinn des Glaubens an ein von der Welt unterscheidbares göttliches Wesen reserviert. Wir würden hingegen Anhänger des Polytheismus oder Pantheismus[1] und sogar des Buddhismus, der ohne explizite Gottesvorstellung auskommt, nicht als Atheisten bezeichnen; in diesem weiten Wortsinn sind sie die religiös Ungläubigen oder Religionslosen.

Sofern Atheisten Gegner sind, wenden sie sich vernünftigerweise nicht gegen Gott, sondern nur gegen die Vorstellung, dass es ihn gebe, und in der Regel sind sie dann auch gegen Religion überhaupt. Tatsächlich tritt dabei der Atheismus selbst als Gegenreligion auf im Sinn der Formulierung: „Ich glaube, dass es Gott nicht gibt." Dieser konfessionelle Atheismus mit seiner naturwissenschaftlich verpackten Propaganda hat es in unseren Tagen auf die Bestseller-Listen geschafft, und man fühlt sich ins 19. Jahrhundert zurückversetzt. [...] Im Übrigen ist der Glaube an eine negative Tatsache nicht besonders gehaltvoll, und wenn in der Nachfolge Ludwig Feuerbachs[2] ein konfessioneller Humanismus an die Stelle tritt mit dem Glaubensartikel „Der Mensch ist für den Mensch das höchste Wesen", dann ist nicht ausgeschlossen, dass irgendein Mensch wie Josef Stalin oder Adolf Hitler zum *summum ens*[3] aufsteigt. Darum verzichten wir besser auf einen Nachfolger Gottes und bleiben bei dem Grundsatz: „Der Mensch ist dem Menschen ein Mensch", wobei gegen Hobbes[4] zu sagen bleibt, dass dies schwieriger sein kann, als wenn er nur ein Wolf wäre.

Der ungläubige Atheismus sagt nur: „Ich glaube nicht, dass es Gott gibt"; er bekennt also nur seinen Unglauben. Es wäre irreführend, dieses Bekenntnis selbst für eine Konfession zu halten; dann wäre der Unglaube, das Nichtglauben, selber ein Glaube, und das ergibt keinen Sinn. Darum hat dieser Atheist auch keine „Beweislast" zu tragen, denn das, was Robert Spaemann[5] behauptet, betrifft ihn nicht: „Angesichts der überwältigenden Allgemeinheit und Dauer des Gerüchts von Gott und angesichts der Gotteserfahrung vieler Menschen trägt derjenige die Begründungspflicht, der dieses Gerücht als irreführend und die Erfahrung als Einbildung abtut." Somit ist es in Wahrheit ein absurdes Unterfangen, die Ungläubigen konfessionell organisieren zu wollen, was der Humanistische Bund versucht. [...] In der Tat ist es misslich, die Position des Unglaubens selbst wieder als einen „-ismus" zu präsentieren, wozu uns die Sprache verführt. Ähnliches gilt übrigens auch für den Agnostizismus, der zugibt, überhaupt nichts zu wissen oder zu glauben, was Gott betrifft. Soll das etwa auch wieder ein Wissen oder Glauben sein? Der ungläubige Atheist ist auch nicht kämpferisch, er will niemanden von irgendetwas überzeugen, und somit gesteht er nur ein, dass er das nicht hat, was sein Gegenüber zu besitzen behauptet – den Glauben an Gott. Wenn ihm dies nicht gleichgültig ist, ist er vielleicht sogar ein frommer Atheist, der nicht anders kann, als das, was er nicht hat, ernst zu nehmen und seinen Verlust zu bedauern. Vielen Zeitgenossen ist freilich ihr Nichtglauben nur ein Achselzucken wert, und noch zahlreicher sind die, die gar nicht wissen, dass sie Ungläubige sind, denn wenn die Gottesfrage aus dem Blickfeld verschwindet, ist auch der Atheismus kein Thema mehr.

aus: Herbert Schnädelbach, Religion in der modernen Welt. Vorträge, Abhandlungen, Streitschriften. © Fischer Taschenbuch Verlag in der S. Fischer Verlag GmbH, Frankfurt am Main 2008

[1] Pantheismus (gr.): Lehre, nach der Gott und Natur/Welt eins sind
[2] Ludwig Feuerbach (1804–1872): deutscher Philosoph und Religionskritiker
[3] summum ens (lat.): das höchste Seiende
[4] Thomas Hobbes (1588–1679): englischer Philosoph, der die menschliche Natur mit dem Satz „Der Mensch ist dem Menschen ein Wolf" beschrieb
[5] Robert Spaemann (geb. 1927): deutscher Philosoph, der dem Christentum nahesteht

1 Wie bestimmt Schnädelbach den Begriff „Atheismus"? Erläutern Sie seine Unterscheidung zwischen „konfessionellem" und „ungläubigem" Atheismus.

2 Wie bewertet der Autor die beiden Positionen? Nehmen Sie kritisch Stellung dazu.

3 Recherchieren Sie Selbstverständnis und Arbeit des Humanistischen Verbands Deutschlands (www.humanismus.de) und der Giordano Bruno Stiftung (www.giordano-bruno-stiftung.de).

Einstiegsmöglichkeiten

Begriffsbestimmung: Die Schüler beantworten in Einzelarbeit die Frage „Was ist Atheismus?". Die Ergebnisse werden an der Tafel gesammelt (Cluster).

Gegenüberstellung der beiden Aussagen: „Ich glaube, dass es Gott nicht gibt." – „Ich glaube nicht, dass es Gott gibt." Die Schüler erläutern die beiden Aussagen und benennen Unterschiede. Man kann Kontexte konstruieren, in denen beide Aussagen vorkommen (z. B. einen Dialog zwischen einem religiösen und einem nicht religiösen Menschen).

Zu den Aufgaben

1 Der Atheismus-Begriff ist nach Schnädelbach deshalb unscharf, weil der Leugnung Gottes verschiedene Motive und Haltungen zugrunde liegen können. Die Gemeinsamkeit – Gottlosigkeit und Religionslosigkeit – liefert allein keine weltanschauliche Orientierung. Da Schnädelbachs Darstellung wertend ist, sollten die Schüler zunächst ihr Verständnis der beiden Haltungen (konfessionell und ungläubig) aufgrundlage des Textes entwickeln. Ihr Ergebnis können sie in Form von zwei Stellungnahmen aus der jeweiligen Sicht zusammenfassen.

2 Schnädelbach kritisiert den konfessionellen Atheismus, indem er ihn als „Gegenreligion" bezeichnet. Es besteht die Gefahr, dass er selbst intolerant, missionarisch und ideologisch auftritt. In diesem Zusammenhang ist es lohnend, auf seine Kritik an Feuerbach einzugehen, der dem Glauben an Transzendenz die Immanenz entgegensetzt, indem er an das Fortschreiten der menschlichen Gattung hin zu einem idealen Menschen glaubt („konfessioneller Humanismus"). Dass dieser Humanismus sich ins Gegenteil verkehren kann, belegt er mit Hitler und Stalin (Personenkult, Totalitarismus). Die Vergöttlichung des Menschen ist eine hybride Selbstüberschätzung. Demgegenüber sympathisiert Schnädelbach mit dem ungläubigen Atheismus, der sich seiner Negativität bewusst ist und deshalb keine Glaubenssätze verkündet, sondern lediglich seinen Unglauben zum Ausdruck bringt. Jeder Überlegenheitsgestus ist ihm fremd.

3 Die Webseiten der beiden Organisationen sind umfangreich und bieten Einblicke in deren konkrete Arbeit und weltanschauliche Orientierung. Hier bietet sich eine arbeitsteilige Gruppenarbeit an. Die Gruppen präsentieren die Ergebnisse ihrer Recherche in einem Referat mit Handout oder Plakat. Sie sollten am Ende eine Bewertung vornehmen, auch im Hinblick auf Schnädelbachs Kritik dieser Organisationen.

Hintergrundinformation

Schnädelbachs Kritik am konfessionellen Atheismus zielt vor allem auf einen aus seiner Sicht naiven Positivismus und Wissenschaftsglauben, der im 19. Jahrhundert wurzelt, sowie auf die Behauptung, die Aufklärung sei im Kern atheistisch motiviert. So schreibt er in Anspielung auf den Bestseller „Der Gotteswahn" (2006) des britischen Evolutionsbiologen Richard Dawkins:

Der Abschied vom ‚Gottes-Wahn' sollte schon damals die Wissenschaft vom Aberglauben befreien und der menschlichen Freiheit und dem Fortschritt dienen. Es gehört schon sehr viel Geschichtsvergessenheit bei zusätzlicher Blickverengung auf den christlichen oder islamischen Fundamentalismus dazu, um heute solche Thesen einfach zu wiederholen, wie etwa die Vertreter der Giordano-Bruno-Stiftung. Diese selbst ernannten Apostel der Aufklärung übersehen, dass in der neuzeitlichen Aufklärungsbewegung die militanten Atheisten immer eine Minderheit waren; die meisten Aufklärer waren Deisten und Anhänger der Physikotheologie, und ihre Angriffe richteten sich deswegen nicht gegen Religion überhaupt, sondern nur gegen die institutionelle Form, die sie im christlichen Abendland angenommen hatte. Gleichwohl war im sowjetischen Machtbereich der Atheismus Staatsreligion, und seitdem ist vielen fröhlichen Atheisten das Lachen vergangen.

André Comte-Sponville: Agnostizismus, Atheismus und Offenbarungsglaube

André Comte-Sponville (geb. 1952), Professor für Philosophie an der Pariser Sorbonne

Agnostiker und Atheisten haben tatsächlich eines gemeinsam – weshalb sie auch oft verwechselt werden –: Sie glauben nicht an Gott. Der Atheist aber geht weiter: Er glaubt, dass Gott nicht existiert. Der Agnostiker dagegen glaubt gar nichts: weder dass Gott existiert noch dass er nicht existiert. Das ist wie ein negativer oder aus Schwäche geborener Atheismus. Der Agnostiker verneint die Existenz Gottes nicht (wie der Atheist es tut); er lässt die Frage einfach offen. [...]

Was Agnostiker und Atheisten also unterscheidet, ist nicht das Fehlen oder Vorhandensein eines vorgeblichen Wissens. Glück für die Atheisten! Wenn Sie jemanden treffen, der behauptet: „Ich weiß, dass Gott nicht existiert", ist das kein Atheist, sondern ein Idiot. Und genauso verhält es sich meiner Ansicht nach, wenn Ihnen einer sagt: „Ich weiß, dass Gott existiert." Das ist ein Idiot, der seinen Glauben für Wissen hält.

„Dann bin ich ein Idiot", antwortet mir ein Freund. „Ich bin nämlich überzeugt davon, dass Gott nicht existiert." Das heißt Überzeugung mit Wissen verwechseln. Und was ist der Unterschied? In etwa jener, den Kant in der *Kritik der reinen Vernunft* macht. Er unterscheidet drei Grade des „Fürwahrhaltens" oder des Urteils: das Meinen, das sich seines sowohl subjektiven als auch objektiven Ungenügens bewusst ist; das Glauben, das zwar subjektiv, nicht aber objektiv hinreichend ist; und schließlich das Wissen, das subjektiv wie objektiv hinreichend ist. [...] Welches intelligente Wesen bei klarem Verstand würde von sich behaupten, über ein Wissen bezüglich der Existenz Gottes zu verfügen, anders gesagt, über eine nicht bloß subjektiv, sondern objektiv hinreichend begründete Überzeugung? Wenn es das gäbe, müssten auch alle anderen davon überzeugt werden können (denn das ist das Wesen des Wissens: dass es an jedes normal intelligente und gebildete Individuum weitergegeben werden kann), und der Atheismus wäre längst ausgestorben. [...] Manche Gläubige mögen mir jetzt entgegenhalten, sie seien keineswegs unwissend, Gott habe ihnen ein für alle Mal die Wahrheit offenbart. Wozu noch Beweise, Argumente, Gründe? Ihnen reicht die Offenbarung. Und sie stürzen sich Hals über Kopf in die heiligen Schriften, um sie auswendig zu lernen und immer wieder neu zu kommentieren ... Darauf kann ich nichts anderes erwidern, als dass jede Offenbarung nur für den gilt, der an sie glaubt, und in einem Zirkelschluss[1] selbst den Glauben begründet, auf dem sie beruht. Und welche Offenbarung überhaupt? Die Religionen sind unzählbar. Welche Wahl soll man treffen? Wie zwischen ihnen vermitteln? Seit Jahrhunderten bekriegen sich ihre Jünger, selbst wenn sie sich auf dieselbe Offenbarung berufen (Katholiken und Orthodoxe[2], Katharer[3] und Protestanten, Schiiten und Sunniten usw.). So viele Tote im Namen ein und desselben Buches! So viele Massaker im Namen des einen, einzigen Gottes! Ist das nicht ein hinreichender Beweis des Nichtwissens, in dem sie alle befangen sind?

aus: André Comte-Sponville: Woran glaubt ein Atheist? aus dem Französischen von Brigitte Große Copyright © 2009 Diogenes Verlag AG Zürich

---

[1] Zirkelschluss : ein Fehlschluss, bei dem das zu Beweisende im Beweisverfahren verwendet wird
[2] Orthodox (gr.: rechtgläubig): strenggläubige Gruppierungen innerhalb der Religionen (im Christentum z. B. die russisch-orthodoxe Kirche)
[3] Katharer (gr.: die Reinen): religiöse Bewegung vornehmlich in Südfrankreich; als „Ketzer" im 12./13. Jh. blutig verfolgt („Albingenserkriege")

1 Wie unterscheidet der Autor zwischen Atheismus und Agnostizismus sowie zwischen Überzeugung und Wissen?

2 Was wirft er den Offenbarungsgläubigen vor? Diskutieren Sie diese Ansicht.

3 „Über die Götter kann ich nichts sagen, weder, ob sie sind, noch, ob sie nicht sind, noch, was sie sind. Zu vieles verhindert das Wissen: erstens die Unklarheit der Frage, zweitens die Kürze des menschlichen Lebens." Protagoras (um 485–415 v. Chr.), griech. Philosoph
Nehmen Sie zu dieser Aussage begründet Stellung.

Einstiegsmöglichkeit

Der Lerngruppe werden folgende vier Aussagen mit der Frage, welcher Position sie sich anschließen, präsentiert:

1. „Über die Götter kann ich nichts sagen, weder, ob sie sind, noch, ob sie nicht sind, noch, was sie sind." 2. „Die Religion ist die Entzweiung des Menschen mit sich selbst: Er setzt sich Gott als ein ihm entgegengesetztes Wesen gegenüber." 3. „Gott lässt sich nicht herab, mit uns zu reden." 4. „Wenn ich das Wimmeln der kleinen Welt zwischen Halmen, die unzähligen, unergründlichen Gestalten all der Würmchen, der Mückchen näher an meinem Herzen fühle, und fühle die Gegenwart des Allmächtigen, der uns all nach seinem Bilde schuf, das Wehen des Allliebenden, der uns in ewiger Wonne trägt und erhält."

Danach sollten die einzelnen Positionen benannt bzw. zugeordnet werden (u. U. mithilfe des Kurzlexikon, S. 9): (1) Agnostizismus (Protagoras), (2) Atheismus (Feuerbach), (3) Deismus (Voltaire), (4) Pantheismus (Goethe: Werther)

Alternative Einstiegsmöglichkeit:

Dem Kurs wird folgende Aufgabe gestellt: Unterscheiden Sie an Beispielen zwischen Meinen, Glauben, Überzeugung und Wissen. Wie verhält es sich dabei mit den Aussagen: „Ich weiß, dass Gott existiert" sowie „Ich weiß, dass Gott nicht existiert"?

Zu den Aufgaben

1 Atheismus: Verneinung der Existenz Gottes; Agnostizismus: Die Frage, ob es Gott gibt oder nicht, ist nicht entscheidbar (s. das Kurzlexikon, S. 9). Überzeugung darf nicht mit Wissen verwechselt werden. Eine Überzeugung ist im Gegensatz zum Wissen nicht objektiv begründbar.

2 Sie halten ihren Glauben und ihre Überzeugung für Wissen, weil sie von einer nicht hinterfragbaren und endgültigen göttlichen Offenbarung ausgehen. – Die Einwände des Autors (Z. 31 ff.) beziehen sich auf Unterschiede zwischen den (Offenbarungs-)Religionen und den verschiedenen innerreligiösen Gruppierungen, was das „Wissen" bzw. den Wahrheitsanspruch obsolet macht. Weiterhin führt er die blutigen Auseinandersetzungen zwischen den Religionen bzw. deren Gruppierungen „im Namen ein und desselben Gottes" als Beleg dafür an, dass Gläubige im „Nichtwissen befangen" sind.

3 Erläuterung zu Protagoras: Er war der bedeutendste Vertreter der Sophistik (s. „Standpunkte der Ethik, 2011", S. 127), der mit dem sogenannten „Homo-mensura-Satz" („Der Mensch ist das Maß aller Dinge") berühmt wurde. In Athen wegen Gottlosigkeit angeklagt und verurteilt, starb er auf der Flucht.

Literaturtipps zum „Neuen Atheismus"

Kurt Flasch: Warum ich kein Christ bin. München (Beck) 2013

Richard Dawkins: Der Gotteswahn. Berlin (Ullstein) 2007

Christopher Hitchens: Der Herr ist kein Hirte. Wie Religion die Welt vergiftet. München (Blessing) 2007

André Comte-Sponville: Woran glaubt ein Atheist? Spiritualität ohne Gott. Zürich (Diogenes) 2008

Magnus Striet (Hg.): Wiederkehr des Atheismus. Fluch oder Segen für die Theologie? Freiburg (Herder) 2008

Elie Barnavi: Mörderische Religion. Eine Streitschrift. Berlin (Ullstein) 2008

Gerhard Lohfink: Welche Argumente hat der neue Atheismus? Eine kritische Auseinandersetzung. Bad Tölz (Urfeld) 2008

John Gray: Politik der Apokalypse. Wie Religion die Welt in die Krise stürzt. Stuttgart (Klett-Cotta) 2009

Paolo Flores d'Arcais: Kreuzzug gegen die Aufklärung, in: Paolo Flores d'Arcais/Joseph Ratzinger: Gibt es Gott? Wahrheit, Glaube, Atheismus. Berlin (Wagenbach) 4/2009

Peter Henkel: Ach, der Himmel ist leer. Lauter gute Gründe gegen Gott und Glauben. Berlin (Frieling) 2009

Christopher Hitchens: „Wir misstrauen allem, was Wissenschaft und Vernunft widerspricht"

Christopher Hitchens
(1949–2012), englischer Journalist. Der nebenstehende Text stammt aus seinem vieldiskutierten Buch „Der Herr ist kein Hirte" (2007).

Vier Einwände gegen den religiösen Glauben bleiben bestehen: Er stellt die Ursprünge des Menschen und des Universums völlig falsch dar, er verbindet infolge dieses Irrtums ein Höchstmaß an Unterwürfigkeit und Solipsismus[1], er ist Folge und Ursache einer gefährlichen sexuellen Repression, und er fußt letztlich auf Wunschdenken. [...]

Unser Glaube ist kein Glaube. Auch unsere Prinzipien sind kein Glaube. Wir verlassen uns nicht ausschließlich auf Naturwissenschaften und Vernunft, denn die sind zwar notwendig, aber nicht erschöpfend. Allerdings misstrauen wir allem, was Wissenschaft und Vernunft widerspricht. Hier und da sind wir uneinig, doch wir achten die freie Forschung, die geistige Offenheit und die Beschäftigung mit Ideen um ihrer selbst willen. Wir halten nicht dogmatisch an Überzeugungen fest. [...] Vor allem bedürfen wir Ungläubigen keiner Bekräftigungsmaschinerie. [...] Unserer Überzeugung nach kann man ohne Religion ein moralisch einwandfreies Leben führen. Und wie wir wissen, haben sich umgekehrt zahllose Menschen von der Religion dazu verleiten lassen, sich nicht nur keinen Deut besser zu betragen als andere, sondern Verhaltensweisen an den Tag zu legen, die selbst einem Zuhälter oder einem Völkermörder noch ein Stirnrunzeln entlocken würden. [...]

Wir müssen uns nicht täglich, einmal in der Woche oder an besonderen Feiertagen versammeln, um uns unserer Rechtschaffenheit zu versichern oder uns in unserer Unwürdigkeit zu ergehen. Wir Atheisten brauchen keine Priester und auch keine geistliche Hierarchie, die über die Einhaltung der Lehre wachen. Opfer und Zeremonien sind uns ebenso zuwider wie Reliquien oder die Verehrung jeglicher Bilder und Objekte und das schließt auch eine der nützlichsten aller menschlichen Erfindungen ein, das Buch. Für uns kann kein Flecken auf Erden „heiliger" sein als ein anderer. [...]

Religion ist von Menschen gemacht. Nicht einmal die Menschen, die sie geschaffen haben, sind sich einig, was ihre Propheten, Erlöser und Gurus nun tatsächlich gesagt oder getan haben. Und erst recht wird es ihnen nicht gelingen, uns den „Sinn" späterer Entdeckungen und Entwicklungen zu erklären, die ihre Religionen zunächst behindert oder verleugnet haben. Trotzdem beharren die Gläubigen noch immer auf ihrem Wissen! Ja, sie bestehen darauf, über ein *allumfassendes* Wissen zu verfügen. Sie wollen nicht nur wissen, dass Gott existiert und dass er den ganzen Laden schuf und beaufsichtigte, sondern auch was „er" von uns verlangt – von der Ernährung über religiöse Riten bis zur Sexualmoral. Anders ausgedrückt: Im Rahmen eines enormen und komplizierten Diskurses, in dem wir immer mehr über immer weniger wissen, der uns jedoch die eine oder andere erhellende Erkenntnis verspricht, will uns eine Gruppe – die ihrerseits aus widerstreitenden Gruppen besteht – in ihrer schieren Arroganz weismachen, dass sie bereits über alle wichtigen und nötigen Informationen verfügt. Diese Dummheit, gekoppelt von solcher Überheblichkeit, sollte für sich schon ausreichen, den „Glauben" aus der Debatte auszuschließen.

Christopher Hitchens, Der Herr ist kein Hirte. Wie Religion die Welt vergiftet © 2007 Karl Blessing Verlag, München, in der Verlagsgruppe Random House GmbH Übersetzung: Anne Emmert

---

[1] Solipsismus (lat.): erkenntnistheoretische Position, die annimmt, dass nur das Ich mit seinen Erlebnissen Wirklichkeitscharakter hat

---

1 Von welchen Denk- und Verhaltensweisen grenzt sich der Autor ab?

2 Welche Überzeugungen und Haltungen setzt er dagegen?

3 „Unserer Überzeugung nach kann man ohne Religion ein moralisch einwandfreies Leben führen." (Z. 11f.) Diskutieren Sie diese Ansicht.

Einstiegsmöglichkeit

Einstiegsaufgabe:

Nennen bzw. beschreiben Sie Merkmale und Unterschiede von Glaube(nsgewissheit) und Wissenschaft(sgewissheit). Was sind ihre jeweiligen Erkenntnisquellen und Erkenntnisverfahren?

Alternativ (ggf. als Tafelanschrieb):

Welche Einwände gegen den religiösen Glauben lassen sich vorbringen bzw. werden vorgebracht? (= Bezug zum ersten Abschnitt des Textes)

Zu den Aufgaben

1 Von den vier Einwänden gegen den religiösen Glauben (1. Abschnitt); davon, dass Gläubige einer „Bekräftigungsmaschine bedürfen"; von der Notwendigkeit, sich an „besonderen Feiertagen zu versammeln, um sich unserer Rechtschaffenheit oder in unserer Unterwürfigkeit zu ergehen"; von Priestern, geistlicher Hierarchie, von Opfern, Zeremonien, Reliquien- und Bilderverehrung, von angeblich „heiligen" Orten.

2 Wissenschaftliche Prinzipien sind „kein Glaube", in der Wissenschaft gibt es kein Festhalten an dogmatischen Überzeugungen; es gibt auch kein reines und ausschließliches Verlassen auf Naturwissenschaften und Vernunft, da diese „zwar notwendig, aber nicht erschöpfend" sind; Achtung der freien Forschung und der geistigen Offenheit; die Beschäftigung mit Ideen geschieht um ihrer selbst willen (Z. 8 bis 10). Dagegen die Religionen, die vorgeben, über ein „allumfassendes Wissen" zu verfügen und Bestimmungen erlassen, die „von der Ernährung über religiöse Riten bis zur Sexualmoral" reichen (Z. 30) und uns „in ihrer schieren Arroganz weismachen, dass sie bereits über alle wichtigen und nötigen Informationen" verfügen (Z. 34).

3 Ergänzend und erweiternd dazu können der Zusatztext von Bertrand Russell (s. u.) sowie der Text von André Comte-Sponville (s. S. 44) herangezogen werden.

Zusatztext

Bertrand Russell: „Die Religion stützt sich hauptsächlich auf Angst"

Bertrand Russell (1872–1970): britischer Physiker, Philosoph und Literaturnobelpreisträger. Der Text stammt aus seinem Buch „Warum ich kein Christ bin" (1969).

Die Religion stützt sich vor allem und hauptsächlich auf die Angst. Teils ist es die Angst vor dem Unbekannten und teils der Wunsch zu fühlen, dass man eine Art großen Bruder hat, der einem in allen Schwierigkeiten und Kämpfen beisteht. [...] Wir beginnen nun langsam, die Welt zu verstehen und sie zu meistern, mithilfe einer Wissenschaft, die sich gewaltsam Schritt für Schritt ihren Weg gegen die christliche Religion, gegen die Kirchen und in Widerspruch zu den überlieferten Geboten erkämpft hat. Die Wissenschaft kann uns helfen, die feige Furcht zu überwinden, in der die Menschheit seit so vielen Generationen lebt. Die Wissenschaft, und ich glaube auch unser eigenes Herz, kann uns lehren, nicht mehr nach einer eingebildeten Hilfe zu suchen und Verbündete im Himmel zu ersinnen, sondern vielmehr hier unten unsere eigenen Anstrengungen darauf zu richten, die Welt zu einem Ort zu machen, der es wert ist, darin zu leben, und nicht zu dem, was die Kirchen in all den Jahrhunderten daraus gemacht haben.

André Comte-Sponville: Keine Moral ohne Religion?

André Comte-Sponville (geb. 1952), Professor für Philosophie an der Pariser Sorbonne.

Was ändert sich, wenn man den Glauben verliert? [...] An der Moral ändert sich nichts oder fast nichts. Wenn Sie den Glauben verloren haben, werden Sie deshalb nicht plötzlich ihre Freunde verraten, stehlen oder vergewaltigen, morden oder quälen! „Wenn es keinen Gott gibt", schrieb Dostojewskij[1], „dann ist alles erlaubt." Wieso denn? Ich erlaube mir doch nicht alles! Die Moral ist autonom[2], zeigt Kant, oder sie ist nicht. Wenn einer sich das Morden nur aus Furcht vor einer göttlichen Strafe versagt, ist sein Verhalten moralisch wertlos: Es wäre nur Vorsicht, Angst vor der Gottespolizei, Egoismus. Und wer nur zu seinem eigenen Heil Gutes tut, tut nichts Gutes (weil er aus Eigeninteresse handelt statt aus Verpflichtung oder Liebe) und wird nicht gerettet werden. Das ist die höchste Erkenntnis Kants, der Aufklärung und der Menschlichkeit: Nicht weil Gott etwas befiehlt, ist es gut (denn dann hätte Abraham Gutes getan, indem er seinen Sohn opferte), sondern weil eine Handlung gut ist, ist es möglich zu glauben, dass sie von Gott befohlen wurde. Die Religion ist nicht mehr das Fundament der Moral; die Moral ist das Fundament der Religion. Da beginnt die Moderne. Religion, präzisiert Kant in der *Kritik der praktischen Vernunft*[3], sei die „Erkenntnis aller Pflichten als göttlicher Gebote". Für jene, die keinen Glauben (mehr) haben, gibt es keine Gebote, jedenfalls keine göttlichen; es bleiben die Gebote, die wir uns selbst als Verpflichtung auferlegt haben. [...]

Wenn ich sage, dass das Vorhandensein eines religiösen Glaubens „fast" nichts an der Moral ändert, meine ich damit, dass es in bestimmten Fragen, die weniger mit Moral zu tun haben als mit Theologie, trotz allem ein paar kleine Unterschiede gibt. Denken Sie zum Beispiel an das Problem der *Empfängnisverhütung* im Allgemeinen und des Kondoms im Besonderen. Abtreibung ist ein moralisches Problem: Es stellt sich für Gläubige genauso wie für Atheisten, und es gab Befürworter einer Liberalisierung auf beiden Seiten, wenn auch in unterschiedlichem Verhältnis. Hingegen habe ich noch nie gehört, dass unter Atheisten das Kondom je als moralisches Problem angesehen wurde. Die Frage, ob es moralisch ist, ein Kondom zu benutzen (als Verhütungsmittel oder um sich und andere vor Aids zu schützen), ist, wenn man keiner Religion angehört, leicht beantwortet! Es ist auch kein moralisches Problem; es ist ein theologisches Problem. [...]

Ob man an Gott glaubt oder nicht, spielt in allen großen moralischen Fragen – außer für Fundamentalisten – keine besondere Rolle. Es ändert nichts an der Pflicht, den anderen, sein Leben, seine Freiheit und Würde zu respektieren, noch daran, dass Liebe über dem Hass steht, Großzügigkeit über dem Egoismus, Gerechtigkeit über der Ungerechtigkeit. Die Religionen haben uns geholfen, das zu begreifen, und damit einen bedeutenden Beitrag zur Geschichte geleistet. Das heißt aber nicht, dass sie ein Monopol darauf haben oder dass es ausreicht, ihnen anzugehören. Bayle[5] hat das schon Ende des 17. Jahrhunderts erkannt: „Wenn ein Atheist tugendhaft lebt, ist das nicht seltsamer, als wenn ein Christ sich zu allerhand Verbrechen hinreißen lässt".

aus: André Comte-Sponville: Woran glaubt ein Atheist? aus dem Französischen von Brigitte Große Copyright © 2009 Diogenes Verlag AG Zürich

---

[1] Fjodor M. Dostojewski (1821–1881): russischer Schriftsteller
[2] autonom (gr.): selbstgesetzlich
[3] Immanuel Kant (1724–1804): Kritik der praktischen Vernunft (1788)
[5] Pierre Bayle (1647–1706): einer der führenden Philosophen der französischen Aufklärung; er lehrte die Unvereinbarkeit der Vernunft mit der Religion und trat u. a. für Glaubensfreiheit und für die Trennung von Kirche und Staat ein.

1 *Wie begründet der Autor, dass sich für einen Nichtgläubigen „nichts oder fast nichts an der Moral" ändert?*

2 *Erörtern Sie in diesem Zusammenhang die im Text genannten Beispiele in den Z. 19ff. Nennen und diskutieren Sie andere religiöse Vorschriften des Sexualverhaltens.*

3 *Was ist unter „autonomer Moral" zu verstehen? Erläutern Sie in diesem Zusammenhang den Kant'schen Pflichtbegriff.*

Einstiegsmöglichkeit

Die erste Frage des Textes könnte als Einstiegsfrage gestellt werden, wobei der Fokus auf der Moral liegen sollte. Kontrastiv dazu könnte Dostojewskis Diktum „Wenn es keinen Gott gibt, dann ist alles erlaubt" dienen.

Zu den Aufgaben

1/2 Der Autor nennt Beispiele dafür, dass er ohne Gottglauben nicht notwendigerweise zu einem moralisch schlechten Menschen wird, und besteht darauf, dass ein moralkonformes Verhalten aus Furcht vor göttlicher Strafe moralisch wertlos sei. Er folgt Kant, indem er sagt, dass eine autonome Moral diesen Namen verdiene: „Es bleiben die Gebote, die wir uns selbst als Verpflichtung auferlegt haben" (Z. 15 f.). – Am Beispiel der Abtreibung führt er aus, dass dies auch ein moralisches Problem für Nichtgläubige darstelle, während die Benutzung eines Kondoms nur für Gläubige von moralischer Relevanz sei (Kondome als unzulässiges Verhütungsmittel gemäß der Morallehre der katholischen Kirche). Weitere Beispiele: die religiöse Ächtung der Homosexualität; das religiös begründete Verbot sexueller Betätigung vor der Eheschließung (hauptsächlich für Frauen, Jungfräulichkeitsideal); die Missbilligung der Selbstbefriedigung.

3 Bezug zu Kant in den Z. 4 ff.: Über den moralischen Wert einer Handlung entscheidet allein der ihr zugrunde liegende Wille. Dieser Wille ist jedoch nur dann gut, wenn er ausschließlich durch die Pflicht bestimmt ist. Die Pflicht besteht aus der freiwilligen Unterwerfung unter das Sittengesetz, das dem Menschen kraft seiner Vernunft in der Form des Kategorischen Imperativs gegeben ist. S. dazu ausführlich „Standpunkte der Ethik, 2011", S. 164–166.

Zusatztext

Gottfried Keller: „Mit dem Aufgeben der sogenannten religiösen Ideen wird das Leben wertvoller und intensiver"

Gottfried Keller (1819–1890): schweizerischer Schriftsteller (u.a. „Der grüne Heinrich", „Die schwarze Spinne"). Der Text stammt aus einem Brief Kellers aus dem Jahr 1851.

Sehr erfreut hat mich die Art, wie Du meinen Anschluss an Feuerbach aufgenommen hast, und ich ersehe daraus, dass Du die Sache im rechten Lichte ansiehst.

Wie trivial erscheint gegenwärtig die Meinung, dass mit dem Aufgeben der sogenannten religiösen Ideen alle Poesie und erhöhte Stimmung aus der Welt verschwinde! Im Gegenteil! Die Welt ist mir unendlich schöner und tiefer geworden, das Leben ist wertvoller und intensiver, der Tod ernster, bedenklicher und fordert mich nun erst mit aller Macht auf, meine Aufgabe zu erfüllen und mein Bewusstsein zu reinigen und zu befriedigen, da ich keine Aussicht habe, das Versäumte in irgendeinem Winkel der Welt nachzuholen.

Es kommt nur darauf an, wie man die Sache auffasst; man kann für den sogenannten Atheismus ebenso schöne und sentimentale Reden führen, wem dies einmal Bedürfnis ist, als für die Unsterblichkeit usf., und diejenigen Tröpfe, welche immer von höheren Gefühlen und unter Atheismus nichts weiter als rohen Materialismus zu verstehen imstande sind, würden freilich auch als Atheisten die gleichen grobsinnlichen und eigensüchtigen Bengel bleiben, die sie als „höhere" Deisten schon sind. Ich kenne solche Herren!

Indessen bin ich weit entfernt, intolerant zu sein und jeden, der an Gott und Unsterblichkeit glaubt, für einen kompletten Esel zu halten, wie es die Deutschen gewöhnlich tun, sobald sie über dem Rubikon sind. [...] Nur für die Kunst und Poesie ist von nun an kein Heil mehr ohne vollkommene geistige Freiheit und ganzes glühendes Erfassen der Natur ohne alle Neben- und Hintergedanken, und ich bin fest überzeugt, dass kein Künstler mehr eine Zukunft hat, der nicht ganz und ausschließlich sterblicher Mensch sein will.

Gottfried Keller: Gesammelte Briefe in vier Bänden, hg. v. Carl Helbling, Bern (Benteli) 1950, Bd. 1, S. 290 f.

Gero von Randow: Die „Option einer metaphysisch abgerüsteten Humanität"

Gero von Randow (geb. 1953) ist Wissenschaftsjournalist der Wochenzeitung „Die Zeit".

Verfechter der Religionen werfen dem Gottlosen bis heute vor, kein moralisches Fundament zu haben. Das tatsächliche Verhalten der Ungläubigen kann diesen Vorwurf indes nicht erhärten. Die Geschichte kennt religiöse und nicht religiöse Untaten aller Arten und jeden Ausmaßes, und Berechnungen der jeweiligen Anteile erübrigen sich. Sozialpsychologische Studien wiederum erweisen eine auffallend geringe Kriminalität unter Nichtgläubigen. Das sollte umgekehrt auch nicht zu ihren Gunsten ins Feld geführt werden, denn sie sind tendenziell sozial besser gestellt und gebildeter als die Gläubigen, jedenfalls im Westen; wie wir es hier also nicht mit einem Religions-, sondern mit einem Klasseneffekt zu tun haben. [...]

Der konsequente Atheist kennt keine Hebebühne ins Transzendente, ebenso wenig wie den Deus ex Machina[1]. Das muss sein Seelenleben indes nicht trüben. Zwar ist der Anteil der Selbstmörder unter den Ungläubigen größer als unter den Gläubigen. Das heißt aber nicht, dass ihnen die Gottlosigkeit Seelenpein bereite oder die heilsame Wirkung des Glaubens abgehe. Denn unter den Atheisten sind signifikant mehr Männer als unter den Gläubigen, und Männer bringen sich nun einmal häufiger um als Frauen. Ansonsten geht's den Ungläubigen so weit ganz gut, niemand muss sich um ihre seelische Gesundheit Sorgen machen. Die Befunde der Sozialpsychologie lassen sich in den Worten des israelischen Religionspsychologen Benjamin Bei-Hallami zusammenfassen: „Man hätte sie gern als Nachbarn." Atheisten seien tendenziell weniger autoritär, pflegten weniger Vorurteile und übten mehr Toleranz als andere. Was nicht an ihrem Atheismus liegen muss, vielleicht sind dies alles nur Nebenwirkungen des Bildungsfortschritts. [...]

Selbst in den westlichen Ländern ist der Atheismus eine Lebensform, die eher des Schutzes bedarf. Sie ist fast wie Aussätzigkeit ins Private verbannt; kaum ein Politiker findet sich, der sich öffentlich demonstrativ zu ihr bekennte, wie es seine Berufskollegen mit ihrem Gottesglauben tun. Jedenfalls kann es nicht schaden, dass die Religionsfreiheit auch für die Religionsfreien gilt. Diese bringen zwar keine Gefühle in Stellung, die wie rohe Eier behandelt werden müssen, sie halten keine Symbole hoch, deren Entheiligung eine Kollektivbeleidigung wäre, sie fordern weder speziellen Unterricht für ihre Kinder noch Subventionen, aber ihnen steht der gleiche Achtungsanspruch zu wie den Religiösen.

Atheisten haben Anteil an der Kultur, und keinen geringen an der europäischen zumal. Ohne sie würde etwas fehlen, etwa die rückhaltlose Religionskritik, aber nicht zuletzt die Option einer metaphysisch abgerüsteten Humanität. Den Menschen nicht als Geschöpf eines Höheren zu lieben, sondern, wie er ist, ohne Vollendungshoffnung, stattdessen mit Nachsicht, Mitgefühl, freundlichem Spott, darin besteht das humanistische Versprechen der Gottlosigkeit. Eine Haltung, die übrigens auch von erfahrenen Seelsorgern bekannt ist. Die wirklich großen Überzeugungen treffen einander nicht im Unendlichen, sondern im Menschlichen.

DIE ZEIT, 22.3.2007, S. 24

[1] Deus ex machina (lat.: Gott aus der Maschine): der im antiken Drama von einer Maschine herabgelassene Gott, der die Zwistigkeiten bzw. Probleme löste; unverhoffter Helfer bzw. Retter

1 Wie begründet der Autor, dass Religionslosen der „gleiche Achtungsanspruch zusteht wie den Religiösen"? Nehmen Sie dazu Stellung.

2 Unter den Atheisten sind signifikant mehr Männer als unter den Gläubigen (Z. 13). Versuchen Sie eine Erklärung.

3 Was ist unter einer „metaphysisch abgerüsteten Humanität" zu verstehen? Erläutern Sie dies an Beispielen.

4 Warum ist der Atheismus eine Lebensform, die eher des Schutzes bedarf (Z. 21f.)? Erläutern und bewerten Sie diese Aussage anhand von Beispielen.

Einstiegsmöglichkeit

„Wenn es keinen Gott gibt, dann ist alles erlaubt."

Nehmen Sie zu diesem Diktum des russischen Schriftstellers Dostojewski Stellung.
(Der Randow-Text könnte kombiniert bzw. ergänzt werden mit dem Text „Keine Moral ohne Religion?" von André Comte-Sponville, S. 44)

Zu den Aufgaben

1 Ungläubige sind nicht unmoralischer als Gläubige (Z. 3 ff.), haben erheblichen Anteil an der (europäischen) Kultur (Z. 29), ohne sie gebe es keine „rückhaltlose Religionskritik" (Z. 30), auf sie muss nicht so viel Rücksicht genommen werden wie auf die Befindlichkeiten und Ansprüche von Gläubigen (Z. 25 f.). S. auch die Ausführungen zu Aufgabe 4.

2 Ergänzend zu dieser Feststellung könnte die Äußerung des katholischen Theologen Hans Küng dienen: „Das Christentum ist eine Männerreligion, die faktisch von Frauen lebt."

3 „metaphysisch abgerüstete Humanität": „den Menschen nicht als Geschöpf eines Höheren zu lieben, sondern so, wie er ist, ohne Vollendungshoffnung, stattdessen mit Nachsicht, Mitgefühl, freundlichem Spott" (Z. 31 f.); Humanität „ohne Hebebühne ins Transzendente" und ohne „Deus ex Machina" (Z. 9 f.); Humanität ohne „Gefühle, die wie rohe Eier behandelt werden müssen" und ohne „Symbole, deren Entheiligung eine Kollektivbeleidigung wäre" (Z. 26)

4 Religionslosigkeit ist „fast wie Aussätzigkeit ins Private verbannt" (Z. 22); religionslose Politiker vermeiden es zumeist, sich öffentlich dazu zu bekennen (Z. 22 f.), z. B. durch Verzicht auf die religiöse Eidesformel, durch Nichtteilnahme an religiösen Feierlichkeiten (wie z. B. Schulgottesdiensten) oder durch Kritik an Kirchenführern bzw. religiösen Autoritäten; Religionslose fordern „weder speziellen Unterricht für ihre Kinder noch Subventionen" (s. dazu die Alimentierung der Kirchen durch den Staat, S. 25). Weitere Beispiele: In der Stadt Trier sind *alle* Krankenhäuser in kirchlicher Trägerschaft, ein religionsloser Arzt oder Krankenpfleger hat dort keine Chance auf Beschäftigung. – Als der renommierte Strafrechtler Holm Putzke 2009 die Frage aufwarf, ob die im Judentum und im Islam praktizierte (und medizinisch nicht gebotene) Beschneidung der Jungen in einem Staat wie der Bundesrepublik unter Verweis auf den § 1631 BGB und § 223 StGB (Körperverletzung) rechtlich zulässig sei, sah er sich dem Vorwurf der Intoleranz ausgesetzt, da bereits die kritische Beleuchtung religiöser Traditionen deren „Herabwürdigung" darstellen würde.

47

Heinz Schlaffer: Ferien von der Aufklärung – Das Wiedererwachen religiöser Bedürfnisse bei den Intellektuellen

Heinz Schlaffer (geb. 1939) war Professor für deutsche Literaturwissenschaft an der Universität Stuttgart. Sein bekanntestes Buch ist „Die kurze Geschichte der deutschen Literatur" von 2002.

Gebetswürfel

Wie? Der Glaube wäre heute verfemt? Er ist *en vogue*[1]! Es lässt sich nicht intellektuell entscheiden, ob Gott existiert; aber es lässt sich beobachten, dass er bei Intellektuellen wieder in Mode ist. [...]

Dennoch steht auch die Wiederkehr religiöser Bedürfnisse in der westlichen Welt unter den Bedingungen der Aufklärung. Was alle Neureligiösen wünschen, ist nichts anderes als ein angenehmes, durch die Aufklärung aufgeheitertes Christentum. Die Christen des Mittelalters und der frühen Neuzeit plagte die Angst vor der Hölle und daher vor der Sünde. Den Gottesbeweis überließen die Gläubigen den Theologen; den Teufelsbeweis lieferte die tägliche Erfahrung. Um sich von Sünden zu reinigen, nahmen sie schwere Bußen und Entbehrungen auf sich. Wer wäre heute zu solch peinigenden Vorstellungen und schmerzlichen Kasteiungen bereit? Nur auf die netten Ansichten des Christentums richten sich die religiösen Träumereien [der Intellektuellen] von heute: auf das Versprechen eines Lebenssinns, die Fortdauer des lieben Ich nach dem Tod (gewiss im Himmel und nicht in der Hölle), das Gefühl emotionaler Geborgenheit und persönlicher Distinktion, den Augentrost des schönen Zeremoniells. [...] Dieses neue alte Christentum der Intellektuellen ist eine Wellness-Religion, die von der Aufklärung das Anrecht auf Glücksmaximierung geerbt hat und dieses Glück über die irdischen Grenzen hinaus ausdehnen möchte, die ihm die Aufklärung zog. Die Kirchen ihrerseits kommen mit Rockkonzerten, Kulturprogrammen und langen Kirchennächten den vage ansakralisierten Gefühlskonsumenten entgegen, die gern die bunte Vielfalt ihrer Erlebniswelt steigern möchten, ohne daraus Konsequenzen für ihre praktische Lebensführung zu ziehen. Wer dieser kommoden[2] Religion anhängt, gewinnt hinzu, ohne etwas aufzugeben, weder vor- noch außereheliche Verhältnisse, weder Hurerei noch Sodomiterei[3] (wie die altdeutschen Christen solche Todsünden genannt hatten). Erwünscht ist eine Religion, die nicht mit Verboten, sondern mit Gratifikationen[4] aufwartet. Jeder bastelt sich, häufig unter Zuhilfenahme esoterischer und fernöstlicher Elemente – auch die Religion unterliegt der Globalisierung – eine Gelegenheitsreligion zusammen, die gerade seine Gewohnheiten respektiert und seine Nöte beschwichtigt. Wie in der astrologischen Welle, die der religiösen voranging, verlangt der Einzelne Bedeutungen, die speziell auf ihn, den Einzelnen, zugeschnitten sind, also ein individuelles religiöses Design. Darin bleiben die aufklärerischen Prinzipien der individuellen Freiheit und des gegenseitigen Tolerierens in Kraft. Kaum einer wäre bereit, die theologische Jurisdiktion einer Kirche über seinen Lebenswandel anzuerkennen, kaum einer wäre bereit, auch nur die Pflichten des regelmäßigen Kirchenbesuchs, der Beichte und Buße auf sich zu nehmen. Akzeptabel ist für diese religiösen Schwärmer lediglich ein Christentum in der aufgeklärten, das heißt durch die Aufklärung modernisierten, also harmlosen Gestalt.

aus: Die Welt, 18.02.2006

---

[1] en vogue: in Mode
[2] kommod: bequem
[3] Sodomiterei: altertümlich für Homosexualität
[4] Gratifikation: Geschenk

---

1 *Geben Sie den Argumentationsgang von Heinz Schlaffers Artikel wieder. Was versteht er unter „Wellness-Religion"?*

2 *Nennen Sie die von Schlaffer aufgeführten Grundprinzipien der Aufklärung. Inwiefern ist seiner Auffassung nach die moderne „Wellness-Religion" Teil und Folge der Aufklärung?*

3 *Ist Feuerbachs „neue Religion" somit auch eine „Wellness-Religion"? Nehmen Sie Stellung.*

Einstiegsmöglichkeit

Folgender Text wird präsentiert:

Die Suche nach dem Sinn des Lebens beschäftigt immer mehr Menschen. Bereits ca. 15 % der erwachsenen Bevölkerung ist aktiv auf der Suche nach ihrer inneren Mitte. Damit umfasst die Gruppe der Spirituellen Sinnsucher hochgerechnet mehr als sechs Millionen Menschen in Deutschland. 17,4 % messen spirituellen und religiösen Fragen eine große bis sehr große Bedeutung bei. Dagegen können aktuell nur noch 10 % der Bevölkerung zur Gruppe der „Traditions-christen" gezählt werden. Die stärkste Gruppe bilden mit 40 % die durch Unbekümmertheit geprägten Alltagspragmatiker, denen die Frage nach dem Sinn des Lebens schlichtweg fremd ist. Dies sind Ergebnisse einer repräsentativen Studie der Düsseldorfer *Identity Foundation*, in Zusammenarbeit mit der Universität Hohenheim, zum Thema „Spiritualität in Deutschland". Die Befragung wurde im März 2006 von der *GfK Marktforschung* auf der Basis von eintausend persönlichen Interviews durchgeführt.

www.zeitgeist-online.de/nachrichten/aus-der-redaktion/7-print/261-jeder-siebte-deutsche-ein-spiritueller-sinnsu cher.html (3. Mai 2006) [Stand: 18.04.2011]

Ein anschließendes Kontaktgespräch kann mit diesen Impulsen beginnen: Was bedeutet „sprituell"? Was bedeutet für Sie „spirituell"? Was ist ein „spiritueller Sinnsucher"? Erscheinen Ihnen 17,4 % „spirituelle Sinnsucher" in Deutschland viel oder wenig? Wenn viel, woher kommt das? Warum finden die „Sinnsucher" ihre Erfüllung nicht mehr bei der traditionellen Religion? Wo würden Sie sich hier einordnen?

Methodische Varianten

Für einen ähnlichen Einstieg kann die Tatsache thematisiert werden, dass Pilgerreisen im Moment sehr in Mode sind – auch und gerade bei Menschen, die sich von der etablierten Religion abgewendet haben – und Hape Kerkelings Buch „Ich bin dann mal weg", das die Fußreise des Fernsehkomikers und Autors nach Santiago de Compostela beschreibt und das der Sachbuchbestseller des vergangenen Jahrzehnts war.
Schloemanns Text „Zu jedem schönen Urlaub gehört ein heiliger Ort" (s. S. 50) bietet ebenfalls zahlreiche Anknüpfungspunkte, die in die Thematik von Schlaffers Artikel einführen.

Zu den Aufgaben

1 Der Glaube ist bei Intellektuellen in Mode, das ist aber Glaube ohne das negative Element, es geht dabei nur um Wohlfühlen und Glück („Wellness-Religion"). Ein solcher Glaube ist nur dazu da, die Glücksversprechen der Aufklärung einzulösen.
Jeder mischt sich aus beliebigen Zutaten seine eigene Religion. Die aufklärerischen Werte Individualismus und Toleranz werden bei der Erschaffung der neuen synkretistischen Religion angewendet. Diese ist demnach keine echte Religion, sondern nur ein äußerliches Phänomen, da ihr die existenzielle Tiefe und die „dunkle Seite" der Religion fehlt.

2 Grundprinzipien der Aufklärung: Anrecht auf Glücksmaximierung, individuelle Freiheit, gegenseitiges Tolerieren
Die „Wellness-Religion" nimmt nur diejenigen Bestandteile der Religion, die sich damit vertragen, die anderen werden ausgeblendet: Also ist die Aufklärung der Religion vorgeordnet, diese Religion bewegt sich im vorgegebenen Rahmen der Aufklärung, hinter die niemand zurück will.

3 Auch Feuerbach will in seiner neuen menschenorientierten Religion nur die idealen, positiven Seiten des Menschen in den Mittelpunkt des Kultes rücken, auch er blendet die „dunkle Seite" des Menschen wie die der Religion aus (s. „Standpunkte der Ethik, 2011", S. 362).

Johan Schloemann: Zu jedem schönen Urlaub gehört ein heiliger Ort

Statue des Hl. Jakobus in Santiago de Compostela
Das nordspanische Santiago de Compostela war im Mittelalter neben Rom und Jerusalem die bedeutendste Pilgerstätte des Christentums. Der Weg dorthin („Jakobsweg") gehört zum Weltkulturerbe und wurde in den letzten Jahren zu einer touristischen Massenattraktion.

In Orlando, Florida, gibt es seit 2001 einen „Holy Land Experience Park". Dieser Freizeitpark, ein evangelikales Konkurrenzangebot zur Disney-World, wird folgendermaßen beschrieben: „Man findet dort eine Nachbildung des Jerusalemer Tempels, kann die Via Dolorosa bis zum Kalvarienberg entlangflanieren und sich gegenüber den Qumran-Höhlen einen Hot Dog oder eine Brezel schmecken lassen oder Getränke kaufen." In Deutschlands größtem Freizeitpark in Rust, zwischen Freiburg und Straßburg, ist eine komplette norwegische Stabkirche nachgebaut, „als eine Oase der Ruhe", wie es im Prospekt heißt, „inmitten von quirliger Lebendigkeit zwischen Wildwasser-Rafting und Achterbahn".

Selten präsentieren sich religiöse Inhalte und Bauten so direkt als touristische Angebote. Viel häufiger sind Begegnungen des heutigen Reisenden mit Orten des Glaubens, die gar nicht für den massenhaften Fremdenverkehr konzipiert wurden. [...] Heute strömt man in Flip-Flops in die christlichen Altarräume und die buddhistischen Pagoden, weil ein Besuch solcher Kultorte einfach zu schönen Ferien dazugehört. Und dies ganz unabhängig davon, wie beim Einzelnen kulturhistorisches Interesse und die Suche nach Erhabenheit gemischt sind und ob er daheim im Alltag praktizierend religiös ist oder nicht. Rund sechs Millionen Menschen aus aller Welt besuchen pro Jahr jeweils Sacré-Cœur in Paris und den Kölner Dom. Und die Kathedrale Notre-Dame in Paris ist mit rund dreizehn Millionen Besuchern im Jahr vermutlich die populärste Attraktion des Kontinents, knapp gefolgt von Disneyland Resort Paris. [...]

Es gibt beim „Ausspannen" vom Arbeitsstress immer eine Flucht- und Besinnungskomponente, eine gewollte oder ungeplante außeralltägliche Sinnsuche, die zum Aufflackern religiös-meditativer Gefühle führen kann.

Natürlich ist im Pilgern, nach Rom etwa, überhaupt einer der Ursprünge des Fremdenverkehrs zu sehen (Bildungsreisende sind seit der Renaissance und besonders seit dem 18. Jh. hinzugekommen); aber der moderne Massentourismus hat ihm doch, allein schon logistisch, einen völlig neuen Charakter gegeben. Umgekehrt hat der vorrangig säkulare Tourismus nicht nur allerlei Religionskontakte – auch in Museen –, sondern er geht auch auf spezifische Erfahrungen des Andersseins aus, die unter dem sehr unangenehmen Wort „Spiritualität" laufen. So erfreut sich der Schamanen-Tourismus so großer Beliebtheit, dass die Bereitstellung „echter" Schamanen gar nicht hinterherkommt. Man sucht sogenannte Kraftorte auf und wähnt sich gleichgestimmt mit den indigenen Kulturen. [...] Auch der Besinnungstourismus temporärer Klosterbesuche ist so ein Phänomen.

Doch ob Touristen die „Energie" heiliger Orte auf sich wirken lassen oder nur Sightseeing treiben – all das bringt nicht bloß erhebenden Austausch und Bereicherung, sondern auch Konflikte. Die Einheimischen, ob Katholiken oder Hindus, sind gespalten: Sie profitieren vom Geld der Besucher, fürchten aber eine Disneyfizierung ihres Glaubens und ihrer Tradition. Verhalten und Kleidung der Besucher schaffen Probleme; soll man Fotos zulassen, Eintrittsgeld nehmen? Und wie hält man einen „normalen" Ritus aufrecht, wenn man von Schaulust umstellt ist? Und, allgemeiner gefragt angesichts der Kulturkonflikte unserer Zeit: Liegt die Toleranz in der Einfühlung oder gerade auch im Nichtverstehen?

Süddeutsche Zeitung, 09.07.2010, S. 14

1 *Aus welchen Gründen suchen Touristen „heilige Orte" auf? Erörtern Sie das Für und Wider.*

2 *Worin liegt die im letzten Abschnitt angesprochene Problematik? Geben Sie eine Antwort auf die dort gestellten Fragen.*

Erläuterungen zum Text

Z. 3 (Via Dolorosa): Schmerzensweg, Kreuzweg; in der Jerusalemer Altstadt der Weg, den Jesus, das Kreuz tragend, zur Hinrichtungsstätte auf dem Kalvarienberg gegangen ist; wird am Karfreitag (und an manch anderen Tagen) von Personen, die sich ein Kreuz auf die Schultern geladen haben, begangen. In Jerusalem gibt es ein Krankenhaus, das sich auf Personen, die angesichts der „Heiligkeit" des Ortes religiösen Wahnvorstellungen erlegen sind, spezialisiert hat.
Z. 4 (Qumran-Höhlen): Felshöhlen am Toten Meer, in denen 1947 bedeutende Schriftrollen gefunden wurden, die das religiöse Umfeld von Jesu sowie das Urchristentum beschreiben.
Z. 28 (Schamanen-Tourismus): Schamanismus findet sich z. B. bei den Inuit, den Lappen sowie im Tibet, der Mongolei, in China und in Korea.
Z. 22 (Pilgerreisen): In den letzten Jahren geradezu in Mode gekommen ist das Pilgern nach Santiago de Compostela („Jakob vom Sternenfeld") in Nordspanien (der „Jakobsweg" zum [vermeintlichen] Grab des Apostels Jakobus), nicht zuletzt auch befördert durch Bücher von Prominenten (z. B. Hape Kerkeling, „Ich bin dann mal weg").

Einstiegsmöglichkeit

Der Lerngruppe werden folgende Fragen vorgelegt:
Welche Gebäude/Sehenswürdigkeiten würden Sie aufsuchen, wenn Sie eine Reise nach Berlin, Köln, Paris, Straßburg, Rom, Barcelona, Mailand, Istanbul, nach Andalusien oder nach Thailand unternähmen? Aus welchem Grund?
Oder:
Welche sakralen Gebäude/Orte haben Sie bei Urlaubsreisen besucht? Aus welchem Grund?

Zu den Aufgaben

1/2 Angaben aus dem Text: Suche nach einer Oase der Ruhe; kulturhistorisches Interesse; Suche nach Erhabenheit, Flucht- und Besinnungskomponente; außeralltägliche Sinnsuche, die zum Aufflackern religiös-meditativer Gefühle führen kann; Aufsuchen von Kraftorten, um sich mit den indigenen Kulturen gleichgestimmt zu fühlen; Suche nach erhebendem Austausch und Bereicherung – Einwände: oft bzw. meist reines „Sightseeing" (was sich z. B. auch durch unangemessene Kleidung zeigt, daher z. B. die Hinweis- bzw. Verbotschilder bezüglich der Kleidung und des Verhaltens); kein wirkliches Interesse am Sakralen; „Disneyfizierung" kultischer Orte und deren Tradition; Verwirrung bzw. Störung der am Ritus Beteiligten bzw. der Beter

Standpunkte der Ethik

Lehr- und Arbeitsbuch für die gymnasiale Oberstufe

Herausgegeben von Hermann Nink

Erarbeitet von Carl Gneist, Johannes Hilgart, Burkhard Hoffmann, Claudia Kroneis und Hermann Nink

Das Lehrwerk vermittelt ebenso vollständige wie überschaubare Materialien zu den wesentlichen Fragen und Positionen der philosophischen (und auch theologischen) Ethik.

Die Kapitel zu den einzelnen Themenbereichen sind systematisch und transparent aufgebaut und durch Querverweise und Arbeitsaufträge miteinander vernetzt.

Besonderer Wert wurde auf eine **klare Systematik** gelegt.

- **Moderations- und Informationstexte** der Verfasser führen in die Problematik der Kapitel und der Haupttexte ein und geben Strukturierungshilfen.

- **Grafische Übersichten, Info-Kästen** und **Kurz-Lexika** zu Anthropologie, Ethik und Religion erleichtern das Verständnis und bieten einen schnellen Zugriff auf wesentliche Begriffe und Zusammenhänge.

- Die Themen und Texte sind mit **exemplarischem und eigenständigem Bildmaterial** versehen, das die verschiedenen Aspekte und Sichtweisen anschaulich ergänzt.

- Zahlreiche **Literatur- und Filmhinweise** bieten die Möglichkeit zur weiterführenden und vertiefenden Beschäftigung.

- Wichtige **Begriffe und Namen** sind in den Randspalten und Fußnoten erläutert und mit Querverweisen zu den anderen Kapiteln des Buches versehen.

- Die Philosophen der Haupttexte werden am Ende des Bandes mit ganzseitigen **Biografien** vorgestellt.

- Durch **erkenntnistheoretische und handlungsorientierte Aufgabenstellungen** wird der Arbeitsbuchcharakter des Bandes betont und zu kapitel- und fächerübergreifenden Sichtweisen angeregt.

- Ein umfangreiches **Personen- und Sachregister** schließt den Band ab.

Schülerband

394 S., vierfarb., zahlr. Abb., geb.

Best.-Nr. **025 006**

Lehrerband

271 S., DIN A4, kart.

Best.-Nr. **025 007**

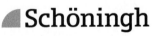

info@schoeningh-schulbuch.de • www.schoeningh-schulbuch.de
Schöningh Verlag • Postfach 2540 • 33055 Paderborn
Telefon **0800 / 18 18 787** (freecall)